IDEOLOGIA DE GÉNERO

¡LA DECONSTRUCCIÓN SOCIAL!

DENNIS MORAN

IDEOLOGIA DE GÉNERO

Dedicatoria / Agradecimiento

Dedico esta obra a la iglesia de Cristo

A toda persona involucrada en el bienestar de la familia tradicional

A todos aquellos que defienden los principios y valores éticos y morales, basados en principios cristianos revelados en la Palabra de Dios

Agradecimiento a la Abg. Maria Isabel por su aporte en la revisión de esta obra y a todo científico que con su conocimiento han aportado datos relevantes

IDEOLOGIA DE GÉNERO

Contenido

Introducción
I.   CONCEPTO DE GÉNERO...................5
II. DECONSTRUCCION SOCIAL...............26
III. EDUCACIÓN ESCOLAR DE GÉNERO.........53
IV. ABORTO Y ORIGEN DE LA VIDA..........75
V.   FALACIAS EN LOS ARGUMENTOS
     PRO-ABORTISTA......................88
VI. BIBLIA GLBTI.......................96
VII PREJUICIOS SOSTENIDOS DE GÉNERO...110
VIII HOMOSEXUALIDAD Y BIBLIA...........129
IX   TESTIMONIOS TRANSEXUALES..........160
X   EL ABUSO INFANTIL INSTITUCIONALIZADO
    180
XI   FUENTE DE DERECHO E IDEOLOGIA
     DE GÉNERO.........................197
MENSAJE DEL ASAMBLEITA CESAR ROHÓN......212
BIBLIOGRAFIAS..........................218
TRABAJOS CITADOS.......................219
FUENTES................................219

IDEOLOGIA DE GÉNERO

Introducción

Los seres humanos desde los albores de su existencia han creado vínculos sociales con otras personas a través de la cultura, los sentimientos y el compromiso; es decir, por nuestra capacidad de crear significados y no por instinto. ¿Qué factores confluyen para construir una sociedad?

Lo que unifica a un grupo de individuos diversos son **los valores** que definen su vinculación recíproca. Una sociedad no puede existir si los valores que tienen, que unifican la diversidad de individuos, si son rechazados por sus partes la relación entre los diversos está llamada al fracaso social.

La ideología de género apunta contra los pilares de la sociedad misma, para provocar su caída atacando valores, roles sociales, e incluso el matrimonio tradicional y la familia.

La consigna ideológica parece ser <<divide y vencerás>>.

Su postulado ideológica se afinca en la desconstrucción social, los supuestos roles de género para instauran un Nuevo pensamiento que favorezca y legalice el "derecho Homosexual", es la razón de atacar los valores sociales e imponer la aceptación del "orgullo gay". Conocer su actuar ideológico nos pone en alerta para desenmascarar un falso concepto conocido como ideología de género ¡la desconstrucción social!

IDEOLOGIA DE GÉNERO

Capítulo I
Concepto y Significado de Ideología de Género

Se denomina **Ideología de Género,** a un conjunto de ideas fundamentales que caracteriza el pensamiento de unas pocas personas, colectividad o época que no necesariamente refleja una verdad, realidad social o científica, con propósitos políticos y autoritario que desarraiga la sexualidad humana de su naturaleza biológica y lo explican monopólicamente por la cultura. Como no tienen base científica recurre al estatismo para su imposición, no propone, no es una oferta, ni siquiera está abierto al debate público. La ideología de género es una decisión que ya ha sido tomada a espalda de las personas, razón por el cual se está imponiendo y no puede prescindir del Estado, ha puesto su mirada en los niños que son fáciles de engañar y manipular, lo que no ocurre con una persona adulta y madura, de ahí la necesidad del uso represivo de la fuerza pública estatal.

Presuponen que la feminidad y masculinidad son construcciones sociales, menosprecian la realidad objetiva y biológica de la sexualidad humana , sustrayéndose como un productos de la cultura y la educación, que consideran es preciso eliminar por completo para garantizar una "verdadera" igualdad en todos los planos de la vida, incluido el reproductivo y biológico. Por tal razón, se desprecia la maternidad, el matrimonio original heterosexual y se obliga por medio de la fuerza pública del Estado aceptar su percepción (*hombre en cuerpo de mujer y viceversa*) obligando a los demás a ser partícipes de sus fantasías personales y financiar "gratuitamente" sus delirios sexuales con los impuestos de los contribuyentes. El problema gira entorno a que "sus derechos" están por encima de los derechos de los demás, lo que origina un conflicto político y social que se vive día a día por la constante manipulación ideológica.

El término "ideología de género" o "feminismo de género", fue acuñado por Christina Hoff Sommers en su libro "Who Stole Feminism?" (¿Quién robó el Feminismo?), a finales de los años 60, en su etapa de feminista radical, que después abandonó, al descubrir la manipulación y apoderamiento de la mujer por parte de los LGBTI, camuflados en la "defensa de los derechos femeninos". Las mujeres y las niñas tienen derecho al disfrute pleno y en condiciones de igualdad de todos sus derechos humanos y a vivir libres de todas las formas de discriminación: esto es fundamental para el logro de los derechos humanos, la paz y la seguridad, y el desarrollo sostenible, desviándose de sus objetivos principales para introducir los "derechos", de la población de lesbianas, gays, bisexuales, transgénero, transexuales, travestis e intersexuales (LGBTI) ajenos a los principios femeninos. Situación por el cual salió de sus filas para desde otro ángulo, defender un feminismo moderado y racional.

IDEOLOGIA DE GÉNERO

La Concepción de género en la ONU

En la IV Conferencia Mundial de la ONU sobre la mujer celebrada en Pekín en 1995, la "teoría de género", empieza cual virus de internet a esparcirse sigilosamente afectando a varios delegados de distintos países, quienes fueron persuadidos por las activistas de género, llevándoles a pensar ingenuamente que se trataba de una *"lucha a favor de los derechos de la mujer"*, pero como ya habrán notado, ¡siempre están ahí! los grupos LGBTI, que ¡nada tienen en común! Con las féminas, pero se cuelan en sus organizaciones para la manipulación de género y afianzar sus pretensiones debidamente planificadas y estructuradas con anterioridad, a llevar a cabo por cada grupo, entrenado específicamente en género en otros países. Preparan el camino con propagandas de distribución de textos con definiciones ambiguas sobre la sexualidad polimorfa, evitando utilizar palabras como madre, padre, marido, mujer, esposa, esposo, hombre o mujer, entre otros términos de uso conocido, y resaltando el uso de palabras hábilmente elaboradas con contenidos negativos, y con tonos de "víctimas".

La persecución que, según "ellos", son objeto o padecen por parte de los sectores tradicionales.

Lo raro, del asunto es que ¡nadie los persigue! Pero utilizan como bandera de lucha liberal (estrategia) para obtener beneficios legales y aceptación social. De ello dice las Escrituras en **Pro. 28:***1 Huye el impío sin que*

IDEOLOGIA DE GÉNERO

nadie lo persiga; Mas el justo está confiado como un león.

La ideología de género a pesar de ser negado una y otra vez, queda al descubierto con la intervención de **Bella Abzug** en la Conferencia de la ONU, en ese sentido dijo: *"El sentido del término género ha evolucionado, diferenciándose de la palabra sexo para expresar que la realidad de la situación y los roles de la mujer y del hombre son construcciones sociales sujetas a cambios. Por eso, los intentos de varios Estados miembros de borrar el término género en la Plataforma de Acción y reemplazarlo por el de sexo es una tentativa insultante y degradante que intenta revocar los logros de las mujeres, de intimidarnos y de bloquear el progreso futuro"*

Otras activistas tambien entrenadas para esta ocasión, empezaron en dicha conferencia a esparcir el veneno ideológico de género, con expresiones fríamente calculada: *"Los sexos ya no son dos sino cinco, y por tanto no se debería hablar de hombre y mujer, sino de mujeres heterosexuales, mujeres homosexuales, hombres heterosexuales, hombres homosexuales y bisexuales"*

Otra de las feministas, expresaban sus ideas desconstructiva afirmando *"No existe un hombre natural o una mujer natural, no hay conjunción de características o de una conducta exclusiva de un sólo sexo, ni siquiera en la vida psíquica"*. Y algunas señalaban la necesidad de que *"había que reconocer los derechos reproductivos de las mujeres lesbianas, en las*

IDEOLOGIA DE GÉNERO

*que incluirían también el **derecho** a concebir hijos a través de la inseminación artificial con **semen** anónimo, y de adoptar legalmente a los hijos de sus compañeras*". Estos elemento se fueron ampliando e introduciendo sigilosamente, pero a paso firme en los diferentes estamentos sociales de cada país, para deconstruir el lenguaje original que hace referencia clara y directa de la sexualidad de la persona, identificando como hombre y mujer, procediendo a reemplazar por el término inciErto de "Genero", haciendo uso de esta falacia de manera machacona en los diferentes medios de comunicación, como lavado de cerebro para que las personas piensen y se familiaricen acorde al nuevo uso del vocabulario, conforme a la manipulación de género.

Para lograr mayor impacto desconstructiva, intentaron que la Real Academia de la Lengua Española, introdujera en su lenguaje la sexualidad como un asunto de género, la misma que obviamente, fue rechazada por carecer de claridad y fondo conceptual gramatical. Pero ello no impidió continuar con sus malévolos planes, hasta el punto de leudar las enseñanzas provenientes del sistema educativo e introduciéndose dentro de la política y del cuerpo legal vigente.

Según **Karina Skidelsky**, va más allá del uso de terminología de género, apunta hacia el sistema cultural, hay que educar a los niños sin adscribirlos a tareas "sexo-específicas". Obsesionada con el tópico de los juegos, en donde ciertos elementos como un carro son para juego de niños y una muñeca para las niñas, etc.

IDEOLOGIA DE GÉNERO

Afirma que un niño es un niño, básicamente porque su padre le ha regalado juguetes de niño, le ha puesto nombre de niño y le trata como un niño. Lo que hay que hacer es dejarle en libertad: que elija ser niño o niña, o las dos cosas o ninguna. De esta forma se pretende robar la infancia a nuestros hijos queriéndole encapsular en conceptos amorfos de género, desconstruyendo su infancia para convertirlos en seres amargados, sin recuerdos agradable de su niñez, con ideas perturbadoras y desagradable.

La verdad que se esconde detrás del concepto de género, es el hecho verificable de suprimir cualquier distinción entre lo femenino y lo masculino, y crear la falsa imagen de la mujer como *"clase oprimida"*, que debe renunciar a soportar los embarazos y a ocuparse de criar a sus hijos por considerar un sistema machista esclavizante. En el fondo, lo que se pretende, no es mejorar la situación de la mujer, ni conseguir su igualdad con el hombre en cuanto a sus derechos, sino la completa disociación de ella a fin de imponer la homosexualidad como una opción "legal" y políticamente "aceptable".

IDEOLOGIA DE GÉNERO

Las Enseñanzas de género

Su postulado de género es una mescolanza filosófica, que se erige como una herejía desconstructiva de la humanidad, plagado de falsedades y mentiras, salidas del mismo averno. No se trata, por tanto, de «una doctrina» estructurada, sino de una resultante más bien sincrética de visiones diferentes entre sí, que busca posesionar su homosexualidad como un "derecho" social. Decir que lo que importa son los sentimientos en el ámbito sexual, y que su sexualidad está desarraigada de su naturaleza biológica, es unas falacias de género, Jesús dijo: *"Vosotros sois de vuestro padre el diablo, y los deseos de vuestro padre queréis hacer. Él ha sido homicida desde el principio, y no ha permanecido en la verdad, porque no hay verdad en él. Cuando habla mentira, de suyo habla; porque es mentiroso, y padre de mentira."* Jua 8:44

La enseñanza ideológica es producto de una construcción de filosofías diversas, como podemos apreciar con contenido de:

A. **Materialismo y existencialismo ateo**. Simone de Beauvoir (existencialista atea): "no naces mujer: ¡te hacen mujer!
B. **La antropología individualista** del neoliberalismo radical.
C. Los postulados de los representantes de la **revolución sexual**: Wilhen Reich y Herbert Marcuse.
D. **Marxismo**.

IDEOLOGIA DE GÉNERO

Esta ideología es una *interpretación neo-marxista* de la historia de la lucha de clases, de opresores contra oprimidos, en una batalla que se resolverá sólo cuando los oprimidos se percaten de su situación, se alcen en revolución e impongan una dictadura de los oprimidos.

Según Carlos Marx, la sociedad será totalmente reconstruida y emergerá una sociedad sin clases, libre de conflictos, que asegurará la paz y prosperidad utópicas para todos. Frederick Engels fue quien sentó las bases de la unión entre el marxismo y el feminismo. En el libro "El Origen de la Familia, la Propiedad y el Estado", escrito en 1884, señalaba: "El primer antagonismo de clases de la historia coincide con el desarrollo del antagonismo entre el hombre y la mujer unidos en matrimonio monógamo, y la primera opresión de una clase por otra, con la del sexo femenino por el masculino".

Dice esta ideóloga:

"asegurar la eliminación de las clases sexuales requiere que la clase subyugada (las mujeres) se alce en revolución y se apodere del control de la reproducción; se restaure a la mujer la propiedad sobre sus propios cuerpos, como también el control femenino de la fertilidad humana, incluyendo tanto las nuevas tecnologías como todas las instituciones sociales de nacimiento y cuidado de niños.

"Y así como la meta final de la revolución socialista era no sólo acabar con el privilegio de la clase económica, sino con la distinción misma entre clases económicas, la meta definitiva (...) debe ser igualmente -a diferencia del primer movimiento feminista- no simplemente acabar con el privilegio masculino, sino acabar con la distinción de sexos misma: las diferencias genitales entre los seres humanos ya no importarían culturalmente". Shulamith Firestone, The Dialectic of Sex, Bantam Books, New York, 1970, p. 12

La Construcción de Genero

La ideología de género como así se lo conoce, se ha ido posesionando sigilosa pero astutamente en el campo de la teorización del conocimiento académico, y las políticas internacionales y nacionales.

La sexualidad científicamente comprobada y relacionada con el **sexo biológico** (hormonas, genes, sistema nervioso y morfología), a diferencia de **género** se relaciona con los procesos culturales que no tienen relación con la sexualidad humana.

El término de Género en castellano hace referencia a las construcciones gramaticales de los sustantivos que precede y el pronombre que le asigna dando a la oración el sentido gramatical. Sin embargo, la palabra género ha sido extraída de su contexto gramatical y maliciosamente tergiversado y aplicado en la gramática y lingüística para reemplazar la palabra sexo originando una serie de confusión en la aplicación gramatical.

En la década de 1970 con feministas radicales como Kate Millet, el «género» adquiriría otra dimensión; se

IDEOLOGIA DE GÉNERO

constituye en una categoría analítica para explicar cómo las características de los sexos biológicos habían llegado a tener significados "diferentes" para mujeres y hombres en distintos momentos de la historia de la Humanidad, originando desigualdades en perjuicio de las mujeres debido a las relaciones asimétricas de poder. Así, la palabra «género» quedó definido como el conjunto de relaciones sociales basadas en la diferencia sexual, que se traducen en los símbolos que en cada cultura representan lo femenino y lo masculino, las normas, las instituciones y organizaciones sociales e identidad subjetiva. Es decir, lo masculino y femenino responde a una construcción social.

La ideología de género con el lobby homosexual a la cabeza y los movimientos feministas radicales extremos han ido popularizando el uso de la palabra género en contra posición de la palabra sexo, porque este último, delimita claramente una clasificación con sólo dos categorías únicas: varón y mujer, entre tanto que género no delimita las características o parámetros por lo que ello es impuesto arbitrariamente, dando origen a una clasificación aberrante con innumerables categorías posibles como así lo determina los primeros datos presentados por el Instituto Nacional de Estadísticas y Censo INEN, que señala que existen tres categorías distintas:

a. **Sexo biológico**; hombre, mujer e intersexual

b. **Género:** masculino, femenino, transgénero y transexual

c. **Sexualidad**: Heterosexual, gay, lesbiana, bisexual y pansexual u omnisexual

Según la definición INEN de intersexual sugiere un "tercer sexo" explica: *"personas que nacen con características biológicas de ambos sexos. En algunos casos los intersexuales presentan combinaciones en sus cromosomas y genitales. No se ubican en la definición binaria del sexo biológico hombre/mujer"* (INEC, 2013). Este concepto es totalmente falso, para conocer la verdad de su definición recurrimos a la ciencia aplicada, el cual con criterios morfológicos y científicos definen como una patología producto de una alteración en el desarrollo biológico que conduce a la diferenciación sexual y no como un "tercer sexo", como se pretende hacer creer (González, 1998. Citado por Elóstegui, 2002, pág. 75)

En cuanto a la identidad de género, en su investigación de Noción de Género en el Derecho Ecuatoriano la Abg. Maria luisa explica que las personas intersexuales o hermafroditas, la persona tiene un sexo asumido y no tiene la percepción de pertenecer a un tercer sexo, su patología es de carácter fisiológico. Es por ello que esta condición casi siempre acarrea problemas de infertilidad y malformaciones físicas mas no se trata de un trastorno de carácter psicológico. Las causas de estas malformaciones son diversas y en general se dan por problemas en las etapas de desarrollo del embrión humano en que se forman los órganos sexuales, dado que de la correcta formación de estos órganos depende la determinación de los caracteres sexuales secundarios en la adolescencia, muchos de los trastornos intersexuales, especialmente los pseudo hermafroditismos, no se detectan sino hasta la pubertad.

En general el tratamiento es de terapia hormonal y cirugía en casos necesarios, con el fin de reforzar su sexo asumido, que corresponde con su sexo cromosómico casi siempre. (Elóstegui, 2002, págs. 75-81)

Bajo las definiciones que provee este estudio se presenta a la persona transgénero y transexual como una categoría más dentro de la división del género masculino y femenino. Sin embargo, esto resulta bastante inexacto. En realidad, "(…) la transexualidad aparece tratada en los libros de medicina como un trastorno psíquico. Sus causas son psicológicas" (Elóstegui, 2002, pág.64). Se trata de personas que afirman pertenecer al sexo opuesto a su sexo biológico y por ello, en muchos casos optan por cirugías que intentan modificar su anatomía para asimilarla a la del otro sexo. Sin embargo, hasta el momento no se ha probado la existencia en su cuerpo de evidencia que indique la presencia de alguna patología por lo que parece evidente que no es el cuerpo el que requiere de corrección por parte de la ciencia médica. De hecho, la terapia psicológica y psiquiátrica ha probado el tener buen éxito para tratar esta disforia a diferencia de la cirugía que al parecer en muchos casos solamente ha logrado agravar el problema.

La Abogada Maria Luisa Azanza concluye en su investigación sobre la homosexualidad extraída de su trabajo de Noción de género el cual señala: No se ha probado que la homosexualidad tenga causas genéticas o

IDEOLOGIA DE GÉNERO

biológicas de algún tipo. Si bien existe gran influencia del entorno en el modo en que la persona vive su sexualidad, en gran parte influye también la libertad de cada individuo. De hecho, algunos jóvenes heterosexuales afirman haber tenido al menos una experiencia homosexual con el fin de experimentar o probar. Asimismo, hay homosexuales que no se conducen por el estilo de vida descrito anteriormente sino que se mantienen célibes e inclusive en algunos casos acuden a ayuda profesional de psicólogos para cambiar esta condición.

Las personas que se sufren de trastornos como la transexualidad o intersexualidad así como aquellas que tienen orientación sexual homosexual o bisexual merecen una correcta información sobre estas condiciones puesto que su calidad de vida se ve comprometida al presentarlo como una categoría más dentro del sexo humano como en el estudio realizado por el INEC. Se corta la posibilidad de acceder a ayuda profesional o de optar por un estilo de vida distinto.

(Citado: Noción de Género en el Derecho Ecuatoriano Pag. 12 y 13)

IDEOLOGIA DE GÉNERO

La Falacia Constructiva de Género

Para que el engaño constructivo de género se afiance estratégicamente en la sociedad, se introduce en el lenguaje común, expresiones de género que se hizo recurrente entre activistas, políticos y agencias de desarrollo, al punto que sexo y «género» se alternaban indistintamente en el lenguaje común del pueblo y se difunden mentiras, se tergiversan datos y estadísticas a favor de una falsa ideología de género, el siguiente paso a seguir es la introducción de «género» en las conferencias y convenios internacionales a favor de los "derechos de las mujeres" e introducir la homosexualidad como un "derecho", según la Palabra de Dios en **1ra. A los Corintios. 6:9-10** dice: *¿No sabéis que los injustos no heredarán el reino de Dios? No erréis; ni los fornicarios, ni los idólatras, ni los adúlteros, ni los afeminados, ni los que se echan con varones, ni los ladrones, ni los avaros, ni los borrachos, ni los maldicientes, ni los estafadores, heredarán el reino de Dios.*

En la IV Conferencia Internacional o Mundial de la Mujer de las Naciones Unidas,(ONU) sobre la mujer celebrada en Beijing, China, el año 1975 hace su aparición con sus propuestas "altivas, y revolucionario de género", situación que origino el desconsiento de propios y extraños en esa reunión por el uso deconstructivo del lenguaje.

Las reacciones por este concepto no se dejaron esperar, el pronunciamiento de creyentes, y cristianos defensores de la verdad científica, y teológica, concentraron esfuerzos para probar los que otros profesionales de la salud y especialistas en derecho legal callan por temor a ser señalados como "homofóbicos" o por réditos económicos. El único significado de «género» es aquel referido a la identidad biológica sexual: varón o hembra, en vez de la definición cultural.

Dicha ideología promueve una **ideología de género** que atenta contra la formación de los niños y adolescentes (…) se hace obligatoria la enseñanza sobre los "derechos sexuales y reproductivos" y la "orientación de género" en sus diversidades, temas que buscarían moldear los valores y criterios de los niños desde muy temprana edad para influir en la aceptación y practica homosexual camuflada de "derecho igualitario" y "erradicación de la homofobia", eligiendo su género y ayudándoles con la ingesta de hormonas.

Como en la Conferencia Mundial de la mujer, no se consiguió un acuerdo de qué pauta a seguir, si lo biológico o lo de «género», se dejó al arbitrio o criterio de los diferentes países **sin imponer ningún criterio de género**. Situación que ha sido aprovechado por los activistas para engañar y seducir con sus verborreas ideológicas, alegando la "imposición" por parte de organismos internacionales, la aceptación de género, para dar paso a la «transversalidad del enfoque de género», estrategia que permite alcanzar la supuesta igualdad de género y el avance de los derechos de las mujeres mediante la incorporación del análisis de género a las políticas, planes, programas, proyectos y gestión interna de las instituciones de cada país. Ante tamaña falacias, surge el Movimiento Nacional Pro Familia, la RED Jóvenes Provida y la Casa del Padre, entre otros, pertenecientes a sectores conservadores de las Iglesias evangélicas y de la Iglesia católica.

Los activistas de género liderados por el Lobby homosexual no se quedan atrás, se adopta una agenda de contraataque de género consistente en marchas y contramarchas, en las políticas de Estado; propagandas dirigidas a desacreditar el orden biológico y reclamos sociales por causa de la manipulación ideológica por este grupo, presionando para que se creen mecanismos para el "adelanto de las mujeres" con la creación de ministerios, secretarías e institutos blindando sus tesis e impulsando con fuerza la desconstrucción social con presupuesto del estado asignado por los contribuyentes; y que se promulguen marcos normativos para la protección de sus derechos, en especial sobre "violencia de género".

A pesar de que se habla de los "derechos de la mujer" la presencia en el espacio público del movimiento en pro de los derechos de los homosexuales es evidente, han originado «nuevos debates sobre la identidad de género y complicaron lo que anteriormente parecía obvio: las diferencias de género y las diferencias sexuales, por separado, ahora alegan que son idénticas.

En poco tiempo, el movimiento LGBT se convierte en un fenómeno global, obteniendo logros en el terreno político que constituyen hitos como la eliminación de la

IDEOLOGIA DE GÉNERO

homosexualidad de la Clasificación Internacional de Enfermedades (CIE) de la Organización Mundial de la Salud (OMS), en 1990; el reconocimiento legal del matrimonio homosexual en países nórdicos (Holanda y Bélgica), EEUU. Se despenaliza en Canada el incesto, por el cual aún entre hermanos se pueden casar.

¿Qué dice la Biblia al respecto?

La Biblia como divinamente inspirada por Dios es la regla de fe y norma de conducta humana, al respecto dice: Lev 18:6 *"Nadie se acercará a ningún pariente cercano para tener relaciones sexuales con él o con ella. Yo soy el Señor.* "*No deshonrarás a tu padre, teniendo relaciones sexuales con tu madre. No lo hagas, porque es tu madre.*

Lev 18:8 *"No tendrás relaciones sexuales con la esposa de tu padre, porque sería como tenerlas con él.*

Lev 18:9 *"No tendrás relaciones sexuales con tu hermana por parte de padre o de madre, ya sea nacida en la misma casa o en otro lugar.*

Lev 18:10 *"No tendrás relaciones sexuales con la hija de tu hijo, ni con la hija de tu hija, porque sería deshonrarte a ti mismo.*

Lev 18:11 *"No tendrás relaciones sexuales con la hija que tu padre haya tenido con su mujer. No la deshonres, porque es tu hermana.*

Lev 18:12 *"No tendrás relaciones sexuales con la hermana de tu padre, porque sería como tenerlas con tu padre.*

IDEOLOGIA DE GÉNERO

Lev 18:13   *"No tendrás relaciones sexuales con la hermana de tu madre, porque sería como tenerlas con tu madre.*

Lev 18:14   *"No deshonrarás al hermano de tu padre, teniendo relaciones sexuales con su mujer, porque es tu tía.*

Lev 18:15   *"No tendrás relaciones sexuales con tu nuera. No las tendrás, porque sería como tenerlas con tu hijo.*

Lev 18:16   *"No tendrás relaciones sexuales con la mujer de tu hermano, porque sería como tenerlas con él mismo.*

Lev 18:17   *"No tendrás relaciones sexuales con dos mujeres que sean madre e hija, ni con las nietas de ellas, ya sea por parte de un hijo o de una hija de las mismas. Son parientes cercanas, de modo que eso sería una perversión.*

Lev 18:22   *"No te acostarás con un hombre como quien se acuesta con una mujer. Eso es una abominación.*

Lev 18:23   *"No tendrás trato sexual con ningún animal. No te hagas impuro por causa de él.*

"Ninguna mujer tendrá trato sexual con ningún animal. Eso es una depravación.

Lev 18:30   *Ustedes observen mis mandamientos y absténganse de seguir las abominables costumbres que se practicaban en la tierra antes de que ustedes llegaran. No se contaminen por causa de ellas. Yo soy el Señor su Dios."*

IDEOLOGIA DE GÉNERO

En respuesta a las activistas femeninas y de género, la investigadora y activista profamilia Dale O'Leary. Expone que, << *la verdadera intención de las feminista en las conferencias de El Cairo y Beijing no fue garantizar a las mujeres el ejercicio de todos sus derechos, sino imponer a la fuerza una ideología feminista radical inspirada en la interpretación marxista de la lucha de clases, que en el fondo persigue acabar con la familia tradicional al proponer identidades distintas a la femenina y masculina, afirmar que estas no son inherentes sino construidas socialmente, así como promover una sexualidad libre a través del uso de métodos anticonceptivos abortivos y alentar la conformación de uniones no heterosexuales. Agenda financiada, por organismos internacionales y poderosos gobiernos* >>

Lo primordial es poner la construcción social al servicio de la sociedad, no a la sociedad al servicio de la construcción social.

IDEOLOGIA DE GÉNERO

Enfoque diferencial de género y Derechos Humanos de las mujeres.

El enfoque diferencial de género, se refiere al análisis de las relaciones sociales que parte del reconocimiento de las necesidades específicas de las mujeres y que tiene por objeto permitir la igualdad real y efectiva entre hombres y mujeres.

Sin embargo, la noción de género como categoría analítica tampoco ha gozado de unidad en su significado sino, por el contrario, ha sido objeto de variadas interpretaciones que suscitan cierta ambigüedad al momento de ser utilizadas. Como advierte Aurelia Martín, *"al igual que otras nociones y paradigmas cardinales en la investigación socio-cultural, no existe una definición unívoca del género, ya que su significado está sujeto a constantes precisiones".*

Por otra parte, el género también se ha entendido como sustituto del término sexo. En este caso, se advierte un cambio terminológico que empieza a darle más importancia al género, entendido como lo cultural, que al sexo concebido como el aspecto natural o biológico del ser humano.

El Consejo de Europa adopta esta visión del género en su "Rapport Général» de 1993: "El sexo (género); estatus personal, social y jurídico de un individuo en tanto que hombre, mujer o mixto". También se ha considerado que dicha sustitución se debe a la connotación política y social del género, en este sentido, Tubert señala que se "fortalece el empleo del género, totalmente separado del sexo, gracias a las aportaciones de autoras feministas, que consideran que un término más neutro puede ser más conveniente que sexo, en razón de las connotaciones negativas que este último tiene para las mujeres: subordinación, asimetría, invisibilidad, doble jornada laboral, menor salario.

El objetivo era mostrar que la sociedad patriarcal, y no la biología, es la responsable de la subordinación de las mujeres

Diccionario de la Lengua Española, en http://buscon.rae.es/draeI/, fecha de consulta: 8 de agosto de 2012. Por otra parte, la definición del vocablo sexo remite a "la condición orgánica, masculina o femenina". Aurelia Martín, Antropología del género: culturas, mitos y estereotipos sexuales, Madrid, Cátedra.

IDEOLOGIA DE GÉNERO

Capítulo II

DECONSTRUCCION SOCIAL

.La ideología de género como experimento social apunta a la desconstrucción del sistema social que implica la disociación de la sexualidad, la educación, el lenguaje como medio de expresión, la política, el derecho legal y la sociedad propiamente dicha, atacando estos pilares con eufemismos, el uso de falacias, engaño convirtiendo a las personas en autómatas, *¡prohibido pensar fuera de género!*. Usan como herramienta de presión, el derecho legal como una imposición obligatoria, totalitaria camuflada de "igualitaria" y "democrática", para que obedezcan las personas "libres de prejuicio", pero esclavos del estado y de una seudo ideología, con un ente represivo comparados a la SS de Hitler y a la Santa inquisición de los papas romanista, para reprimir la verdad haciendo uso de un cuerpo legal represivo estatal en una última rebelión de la creatura contra su creador.

La deconstrucción social busca deshacer analíticamente los elementos que constituyen una estructura conceptual. Por ello la ideología de género atenta contra nuestros principios fundamentales de libertad de expresión, de culto, de conciencia, de opinión, de educar a nuestros hijos con principios y valores contrarios a su imposición estatal ideológica

La deconstrucción del orden constituidos, esquema y valores forjados con endereza en Latinoamérica, es lo que promueven el feminismo radical extremo liderados por el lobby homosexual para reconstruir la sociedad en

IDEOLOGIA DE GÉNERO

base de falsos parámetros e ideológicos de género en donde se afinca el "neutralismo" en la enseñanza cultural de los niños afectando su infancia en el juego infantil, el uso de colores determinado en la ropa, juguete, dibujos, forma de vestir y peinar, el cual consideran "medios discriminatorios", la aprobación del aborto como derecho".

Deconstruir el matrimonio original por ser el baluarte de la verdad heterosexual binaria, única entre un hombre y mujer, entre hembra y macho, esposo y esposa, que el laso del amor genera una nueva vida por medio de la procreación.

«La familia es cuna de la vida humana. Si la sociedad no la protege está condenada a destruirse a sí misma».

Los valores más elementales propios de la cultura cristiana están atravesando por una grave crisis en el seno de la sociedad occidental lo que es aprovechado por los LGBTI para instaurar el matrimonio gay en reemplazo del matrimonio original heterosexual, es su bandera de lucha, atentando contra el sistema biológico, divinamente constituido, contra todo principio de rasocinio, contra la misma sociedad y el Estado de un país, en donde ser "homosexual" sea aceptable e impositivo, que no sea visto como lo que en realidad es desviación sexual, corrupción e inmoralidad que no tiene que ver con el ADN, no se nace homosexual, se hace homosexual, razón por el cual se ataca al sistema biológico con la ingesta hormonas para acallar su cuerpo biológico, o abortar producto de relaciones sexuales

IDEOLOGIA DE GÉNERO

clandestinas ilegítimas, al respecto existen indicios claros en la Biblia de la depravación sexual como en **Isaías 1:4** dice: *¡Oh gente pecadora, pueblo cargado de maldad, generación de malignos, hijos depravados! Dejaron a Jehová, provocaron a ira al Santo de Israel, se volvieron atrás.*

La ideología de género parte de una falsa premisa: *la negación de la existencia de diferencias sexuales innatas; abstracción hecha de las apariencias externas o fisiológicas.* Hace uso de herramientas desleales, falsos silogismos, eufemismo, manipulación del vocablo y de la mente, son artista de la manipulan, los sentimientos y emociones, presentándose como "victimas", seres humano que "aman", que tienen derecho y sentimiento, cuando todas estas formas de manipulación falla, actúan agresivamente con amenazas, difamación, agresión física y verbal contra todos aquellos que no opinan igual que ellos, pero a solas en su interior, no pueden convencerse a sí mismo porque su propia conciencia los acusa, como está Escrito en 1ra. Pedro 4:4 dice: *A ellos les parece extraño que ustedes ya no corran con ellos en ese mismo desbordamiento de inmoralidad, y por eso los insultan.*

En los últimos años el concepto 'género' ha logrado anclarse en el discurso social y político contemporáneo, integrándose en la planificación conceptual, en el lenguaje, en los documentos y también en las normas legales.

Ahora, el hombre moderno pretende librarse incluso de las exigencias de su propio cuerpo: se considera un ser

IDEOLOGIA DE GÉNERO

autónomo que se construye a sí mismo; una pura voluntad que se autocrea y se convierte en un dios para sí mismo, como si se tratara de una ensambladora a la carta, motivo por el cual nos toca vivir tiempos difíciles y conflictivos como lo señala 2da.Timoteo 3:1-5 *Ahora bien, ten en cuenta que en los últimos días vendrán tiempos difíciles. La gente estará llena de egoísmo y avaricia; serán jactanciosos, arrogantes, blasfemos, desobedientes a los padres, ingratos, impíos, insensibles, implacables, calumniadores, libertinos, despiadados, enemigos de todo lo bueno, traicioneros, impetuosos, vanidosos y más amigos del placer que de Dios. Aparentarán ser piadosos, pero su conducta desmentirá el poder de la piedad. ¡Con esa gente ni te metas!* (NVI).

Esta ideología está presente en todas las Agencias de las **Naciones Unidas** desde los años 90: en concreto, en el Fondo para la Población, UNICEF, UNESCO y OMS que han elaborado muchos documentos con categorías propias de esta ideología.

1. La deconstrucción de la sexualidad

Los ideólogos de género afirman esto:

"Cada niño se asigna a una u otra categoría en base a la forma y tamaño de sus órganos genitales. Una vez hecha esta asignación nos convertimos en lo que la cultura piensa que cada uno es -femeninos o masculinos-. Aunque muchos creen que el hombre y la mujer son una expresión natural de un plano genético, el género es producto de la cultura y del pensamiento humano, una construcción social que crea la verdadera naturaleza de todo individuo."

(Lucy Gilber y Paula Wesbster "TheDanger of Feminity. Gender diferences: Sociology o Biology?)

Con estos conceptos y argumentos empíricos emprenden la desconstrucción sexual, tratando de demostrar cómo se ha construido un concepto cualquiera a partir de procesos históricos y acumulaciones metafóricas, e intentan mostrar que lo claro y evidente -que existen hombres y mujeres, por ejemplo- dista de serlo.

2. Deconstrucción de la sociedad

Con la desconstrucción se pretende la "liberación total" del supuesto patriarcado opresivo, de ahí su fijación obsesiva de -deconstruir el lenguaje, de las relaciones sociales, familiares, de la reproducción, de la sexualidad, la educación, la religión, la cultura, la divinidad de Cristo, etc. Quebrar las bases de valores sociales, es quebrar la moral de un pueblo que confía en sus instituciones y sus gobernantes, que tienen el deber de protegerlo y legislar a favor del pueblo mandante y no en contra de ellos, sólo para imponer un pensamiento deconstructivo de género a cambio de réditos económicos y asistencia social y prebendas proveniente de organismos internacionales extranjero, interesado en imponer el pensamiento experimental, de desconstrucción social ,vulnerando el orden constituido.

IDEOLOGIA DE GÉNERO

3. Deconstrucción el Lenguaje

El uso correcto del lenguaje referente al sexo siempre es y será de sentido binario: hombre y mujer, sacar de circulación el lenguaje académico de la Lengua Española es el objetivo de la ideología de género, que para el efecto manipulan machaconamente las palabras y el término como "género" para referirse al sexo, elemento mal aplicado intencionalmente, pero creído ingenuamente.

La estrategia consiste en borrar del vocablo toda referencia a la naturaleza biológica sexual del individuo, que implica dos posibilidades –varón, o mujer-que son únicas posibilidades derivadas de la dicotomía sexual biológica...en tanto, que el término **género** procede de la lingüística gramatical y permite tres variaciones: masculino, femenino, neutro, que se aplican en la gramática y no al sexo directamente, por ejemplo: "La casa", "el auto". No se puede desligar el carácter sexual de las cosas, en la construcción de la oración gramatical, no se dice: "el casa" o "la auto", porque pierde el sentido gramatical idiomático y el sentido neutro de <<lindo o bonito>>, las cosas tienen género y número pero no personalidad. El género hace referencia a las cosas como la literatura, el arte, al género dramático y gramatical, menos el sexo biológico.

La palabra género por ser una palabra de sentido gramatical en su diversidad es insuficiente e ineficaz para reemplazar sexo por género el cual es indeterminado, oscureciendo su interpretación en el cuerpo legal. La inversión de la palabra sexo por el de género, da origen a un sinnúmero de clasificaciones incongruentes relativas a las personas: genderquer, bigénero, trigénero, género neutro, cisexual, género fluido, ágenero, poligenero, tercer sexo, Pangénero, entre otros. Su objetivo es desconstruir el lenguaje, invirtiendo el orden representado en el uso lingüístico normal, moviendo la realidad sexual a favor de la corriente ideológica de género, aunque el uso deconstructivo de la palabra género no modifica la realidad sexual, ha demostrado tener éxito por medio de la manipulación del lenguaje por parte del feminismo radical y LGBTI, creando un lenguaje inclusivo de tres tipos:

1. **Lenguaje sexista**: utilizan los pronombre y sustantivos del genero gramatical aplicado a lo masculino para referirse a los rasgos relacionados con los prejuicios culturales .El lenguaje sexista se refiere a la discriminación de personas, que se manifiesta en el uso del lenguaje, de un sexo por considerarlo inferior a otro. Esto se da en dos sentidos: por un lado, en lo que concierne a la identidad sexual de quien habla y por otro en lo que se refiere al tratamiento discriminatorio que sufren las mujeres en el discurso ya sea por el término utilizado o por la manera de construir la frase.

2. **Lenguaje no sexista:** Enuncia ambos géneros gramaticales cuando están personas de ambos sexos, existen manuales creados para el efecto, en que se usan barras para separarlos: Señor/señora, Señorito/señorita, Secretario/secretaria Gobernante/ gobernanta.

IDEOLOGIA DE GÉNERO

3. **Lenguaje inclusivo:** hace referencia en un mismo tiempo a ambos sexo utilizando palabras que hacen referencia al género gramatical neutro que no expresen ni masculino o femenino ejemplo, utilizar los colectivos: el alumnado, la población, el personal, el electorado... Utilizar abstractos: la redacción (por los redactores), la dirección (por los directores), la legislación (por el legislador), la infancia, la juventud, la adultez, la vejez. Cambiar el sujeto: en lugar de usar la tercera persona del singular, usar la segunda (tú o usted) o la primera del plural sin mencionar el sujeto. Si usted posee un abono podrá viajar gratis, en lugar de El abonado podrá viajar gratis.

La ideología de género está imponiendo una dictadura de pensamiento único en el sistema educativo, atentando contra la libertad de pensamiento y de cátedra. Es decir, impedir siquiera utilizar la palabra y el concepto "hombre", por ser supuestamente ¿ofensivo? Pero además, ello implica una "deconstrucción del lenguaje" con el fin subalterno de servir a una ideología, la del Gender, que recientes estudios de académicos siquiatras de primer nivel de los, Estados Unidos, han demostrado que carece de toda base científica. Dicho estudio concluye terminantemente que "no está probado científicamente que exista realmente el fenómeno de mujeres encerradas en cuerpos de hombre ni viceversa", como afirma la ideología de género.

Este fenómeno nos recuerda a algunas legislaciones, como por ejemplo la española y de otros países, que han sustituido la expresión "padre" y "madre" por las de

IDEOLOGIA DE GÉNERO

"progenitor A" y "progenitor B", u otras que han cambiado los términos de los cónyuges en el matrimonio. Lo que, además de ser un despropósito resulta totalmente antinatural. Como se puede pensar sana y sensatamente que calificar de padre y madre a los progenitores de un niño o niña o de marido y mujer a los cónyuges, ¿pueda ser ofensivo o injustamente discriminatorio? Es la llamada "dictadura del relativismo ético" que primero se quiere apoderar de la cultura para luego recibir consagración legal (Fórum liberta / diario digital).

El gran enemigo de la ideología de género es la diferencia sexual varón-mujer... ello explica el afán extremo de desconstruir el lenguaje que hace clara referencia al sexo binario de hombre y mujer.
José Mario Ruiz Navas expresó que la ideología de género en sí constituye un rompecabezas, porque evita las palabras padre, madre, marido, mujer; pues hacen referencia a la naturaleza corpórea, a cambio utiliza la palabra "pareja" o recurre al término artificial "género",... Para llegar a desconstruir, hay que impedir que la mujer se dedique a su hogar, porque eso la hace "desigual" y "esclava del machismo".
Las Sagradas Escrituras afirman la existencia binaria masculina y femenina en Génesis 2:22 *Y de la costilla que Jehová Dios tomó del **hombre**, hizo una **mujer**, y la trajo al hombre.* En referencia binaria de padre y madre la Palabra de Dios es clara y concisa, no da lugar a mal interpretación o equívocos en Génesis 2:24 dice: *Por*

IDEOLOGIA DE GÉNERO

*tanto, dejará el hombre a **su padre** y a **su madre**, y se unirá a su mujer, y serán una sola carne.*

El hecho que convierte la deconstrucción del lenguaje referente al sexo masculino o femenino en una herejía deconstructiva por la obsesión de eliminar la palabra <<hombre>> el cual consideran "sexista" y "discriminatorio". La realidad oculta es que rechazan tajantemente la manifestación divina en la carne, el mismo Dios, creador del universo y de todo lo que existe se humanizó tomando cuerpo de HOMBRE, como dice las Escrituras en Mateo 9:6 *Pues para que sepáis que el **Hijo del Hombre** tiene potestad en la tierra para perdonar pecados (dice entonces al paralítico): Levántate, toma tu cama, y vete a tu casa.*

Negar al << hombre >>, es negar que el hijo de Dios entró en el mundo como **Hijo de Hombre** al ser concebido por el Espíritu Santo sin la intervención del esperma masculino del hombre en el vientre de la virgen Maria (**MUJER**), por el cual vino al mundo por nacimiento virginal, sobre esta verdad se basa la doctrina de la encarnación, negada por la ideología de género que rechaza el binomio hombre-mujer.

¿Por qué el Hijo de Dios se hizo Hombre?

Jesús como Dios se humanizó tomando nuestra naturaleza humana con el objeto de glorificarla y adaptarla para un destino celestial, que los hombres pudieran convertirse en Hijos de Dios por la regeneración o nuevo nacimiento y un día serán transformados a semejanza del cuerpo glorioso del Jesús resucitado (Jn.1:12 / Fil.3:21)-

IDEOLOGIA DE GÉNERO

La desconstrucción del lenguaje binario se ubica en el plano de apostasía espiritual como dice las Escrituras: *Pero el Espíritu dice claramente que en los postreros tiempos algunos apostatarán de la fe, escuchando a espíritus engañadores y a doctrinas de demonios; por la hipocresía de mentirosos que, teniendo cauterizada la conciencia, prohibirán casarse, y mandarán abstenerse de alimentos que Dios creó para que con acción de gracias participasen de ellos los creyentes y los que han conocido la verdad. Porque todo lo que Dios creó es bueno, y nada es de desecharse, si se toma con acción de gracias.* (1Ti. 4:1-4)

La Biblia manda que *no creáis a todo espíritu, sino probad los espíritus si son de Dios; porque muchos falsos profetas han salido por el mundo. En esto conoced el Espíritu de Dios: Todo espíritu que confiesa que* **Jesucristo ha venido en carne,** *es de Dios; y todo espíritu* **que no confiesa** *que Jesucristo ha venido* **en carne, no es de Dios**; *y este es el espíritu del anticristo, el cual vosotros habéis oído que viene, y que ahora ya está en el mundo.* 1Jn 4:1-3

El feminismo radical extremista y el lobby homosexual tienen un grave problema, deben saber que Dios en la persona de Jesucristo es HOMBRE y este hecho no lo pueden cambiar ¡jamás! Sin sufrir las consecuencias como está escrito... *Toda carne es como hierba,*
Y toda la gloria del hombre como flor de la hierba.
La hierba se seca, y la flor se cae; Mas la palabra del Señor permanece para siempre. Y esta es la palabra que por el evangelio os ha sido anunciada. 1Pe 1:24,25

IDEOLOGIA DE GÉNERO

4. La Deconstrucción de los roles

Los roles son un término tomado del ámbito teatral, que indica que una persona, vestida y maquillada especialmente para representar un papel en una obra teatral conforme a un libreto escrito.

El uso del término rol o de la frase "roles desempeñados", indica que hay algo artificial que se impone a la persona, como la maternidad, en la que una mujer, cuando tiene un hijo, representa el papel de madre; no se es una madre, sino una esclava.

Los ideólogos de género defienden que el ser humano nace sexualmente neutral y que luego es socializado en hombre o mujer. Por eso hay que educar a los niños sin juguetes o tareas "sexo-específicas", sin "estereotipos".

El gran enemigo, para la ideología de género, es la diferencia hombre-mujer. Esta es la razón por lo que la ideología falsamente afirma que no existen sexos; sólo roles, orientaciones sexuales cambiantes, que se pueden variar en la vida todas las veces que se quieran.

Esta es una reflexión típica de la ideología de género, que quieren evitar cualquier distinción entre hombre y mujer: "En estos momentos las nenas piden libros de princesas o de hadas y los varones de dragones, magia, fútbol o terror", diagnostica Karina Skidelsky, ¿Qué hacen los padres, tíos o abuelos cuando van a comprar un libro de regalo? ¿Fomentan o disminuyen los estereotipos de género?

"Los adultos piden libros de manualidades para las nenas, a excepción de Art Attack, que es pedido por chicas y chicos, y de piratas, dinosaurios y dragones para regalarles a los varones. Hay padres que no le llevan a su hijo varón un libro cuya tapa sea rosa o pastel, aunque el contenido sea de varón o unisex y tampoco le compran, por ejemplo, un libro de transportes a su hija", cuenta Skidelsky.

5. La Deconstrucción Educativa

El sistema educativo provee formación integral de conocimiento científico y no de género a sus futuros ciudadanos a fin de que se conviertan en adultos justos, solidarios, informados y democráticos. De hecho, la instrucción familiar y cristiana colabora en conjunto con la educación y formación individual del niño.

La Palabra de Dios provee los valores éticos y morales que nos permiten alcanzar dichos paramentos como está escrito en 2Timoteo 3:16-17 *Toda la Escritura es inspirada por Dios, y útil para enseñar, para redargüir, para corregir, para instruir en justicia, a fin de que el hombre de Dios sea perfecto, enteramente preparado para toda buena obra.*

En los hogares familiares se les transmite valores cristianos que son reforzados en las iglesias cristianas y en el sistema educativo. En las escuelas los niños son formados en ciencias y educación, no en ideologías aberrantes camufladas de educativos o formativos, ni en politiquería barata de izquierda o de derecha.

IDEOLOGIA DE GÉNERO

No estamos en contra de la Educación Sexual en las Escuelas y colegios, lo que no podemos avalar es que se enseñe ideología de género dentro del marco de la educación integral anticientífico y fuera del contexto social educativo que no tiene nada que ver con los gustos y preferencias homosexuales

Lo valores cristianos son contrarios a los falsos argumentos de género con enfoques transversales: derechos, exclusividad, educación ambiental, el bien común cuando en el fondo lo que busca el bienestar LGBTI en desmedro de personas heterosexuales a quienes son catalogados como "homofóbicos", "mentes retrógrados" estancadas en el pasado, "odiadores" e "ignorantes", como provienen de la línea "homo" ¡no hay problema!, pero si lo dijeran personas heterosexuales que no están de acuerdo con sus postulados homosexuales desconstructiva, entonces la verdad por fuerza de ley se convierte en "discriminatorio", son perseguidos y encarcelados.

Desde este punto, es una "desigualdad de derecho", se habla de búsqueda de la excelencia cuando lo que se quiere enseñar a los niños es la mal llamada "educación sexual y reproductiva" que consiste en repartir condones a niños de 12 a 14 años de edad, que induce a la irresponsable práctica de la sexualidad temprana, así como aceptar la homosexualidad y a practicarla sin impedimento legal alguno, en la mal llamada intersexualidad, porque solo existe el sexo masculino y femenino, lo "otro" no es sólo desviación sexual.

IDEOLOGIA DE GÉNERO

De excelencia educativa ¡no tiene nada!, porque dentro de la malla curricular ¡ya se enseña sexualidad! desde las escuelas y colegios con aporte científicos y biológico en materias como Anatomía, biología, etc. Nos hablan de "interculturalidad" e "igualdad de género", cuando lo que necesitamos es igualdad de derechos para hombres, mujeres, ancianos y niños.

Ley General de Educación, debe promover la igualdad y la no discriminación de las personas por sus sexo, derecho a la réplica, a la defensa de sus derechos como persona y ser humano, raza o filiación religiosa dentro y fuera de las escuelas, correspondiéndose al marco normativo del Estado en materia de igualdad en derecho y no de género por ser una falacia.

La Presidenta de Islandia, Vigdis Finnbogadottir, lo planteó deconstructivamente en una conferencia preparatoria para la Conferencia de Pekín organizada por el Consejo Europeo en febrero de 1995, Señaló que las niñas deben ser orientadas hacia áreas no tradicionales y no se las debe exponer a la imagen de la mujer como esposa o madre, ni se les debe involucrar en actividades femeninas tradicionales: *"La educación es una estrategia importante para cambiar los prejuicios sobre los roles del hombre y la mujer en la sociedad". Para quitar el concepto "hombre" y "mujer",* la perspectiva del género -defienden- **debe integrarse en los programas escolares".**

Este es el pensar ideológico de género que intenta obsecionadamente tener control educativo para insertar

IDEOLOGIA DE GÉNERO

la desconstrucción sexual de los niños desde las mismas aulas educativas quitando toda feminidad y masculinidad que nos hacen personas excepcionales. ¡Esa es la razón estratégica! Por el cual ¡Jamás! Se invita a los padres de familia a integrar los grupos educativos para la formulación de la malla curricular educativo, ¡todo! Se hace por debajo de la mesa, hasta que todo este hecho, y nadie pueda oponerse a la ley so pena de cárcel, ¡hecha la ley, hecha la trampa!

Ley Educativa de género

La Ley puede tener un propósito definido, de velar por la seguridad y bienestar de las personas, es decir, administrar justicia, pero la misma ley definido para un caso puede ser interpretado diferente, acorde al interés del interpretador legal del Derecho dándole un enfoque distinto al que inicialmente se introdujo en el cuerpo legal y llevar a un sinnúmero de equívocos, lo que deja entrever el vacío legal que se produce hasta la injusticia, pero Dios como Legislador por excelencia señala esta incongruencia que se produce en el ámbito interpretativo legal y exhorta a su rectificación, según Isaías 10:1-2 *¡Ay de los que dictan leyes injustas, y prescriben tiranía, para apartar del juicio a los pobres, y para quitar el derecho a los afligidos de mi pueblo; para despojar a las viudas, y robar a los huérfanos!*

Esta manera de interpretar la ley, ha valido para que la ley sea manipulada por intereses egoístas, politiqueros e ideológicos de gobiernos de turno.

IDEOLOGIA DE GÉNERO

La Ley educativa en éste ámbito interpretativo legal tienen sus falencias, cuando se introduce normativas que atenta la intimidad y derechos de los niños a una educación científica y no de género camuflada de "educación sexual y reproductiva", sin sociabilizar con los padres de familia.

- ¿Cuáles son los alcances y límites de la posibilidad de intervención de los padres, madres o la persona a cuyo cuidado se encuentran los y las adolescentes, en relación a sus derechos sexuales y reproductivos?

¿En qué momento cesa la autoridad tuitiva de los padres y puede intervenir un "salvador externo" como el Estado?

Para responder a estas preguntas se deben determinar cuál es el alcance y los límites de las posibilidades de decisión de los padres en relación con los derechos sexuales y reproductivos de los adolescentes, es la determinación del contenido del término **adolescente**. Ahora bien, este aspecto solo puede ser concebido en base a conceptos técnicos, por lo que, la Corte Constitucional del Ecuador, considera fundamental acudir a estas fuentes con el fin de esclarecer a qué alude la categoría adolescente.

¿Qué se entiende por adolescencia?

La palabra adolescente deriva del término latino **adolescere** que significa crecer, hacerse mayor. Dada la amplitud del concepto, la adolescencia es una etapa difícil de limitar, complicada de ajustar a un único marco y duración precisa.

La Organización Mundial de la Salud (OMS) considera a la **adolescencia** como una de las etapas de la vida y uno de los grupos poblacionales comprendido entre los 12 y 17 años de edad, en los que se distingue entre **adolescencia temprana**, que se inicia a los 12 y culmina a los 14 años de edad; y, **la adolescencia tardía** que va desde los 15 a los 17 años de edad. Adicionalmente, la OMS ha distinguido el término **"juventud"** para diferenciar a las personas cuya edad oscila entre los 15 y 24 años. Usualmente esta organización internacional suele utilizar "personas jóvenes" para referirse a ambos grupos poblacionales (adolescentes y jóvenes).

Desde una perspectiva jurídica Ecuatoriana conforme al n.22 de la Corte Constitucional del Ecuador al **adolescente** se le debe considerar como *"...ciudadano con derechos y obligaciones, con potencialidades y limitaciones similares a las de los adultos pero específicas de acuerdo a su grupo etario; con capacidad de disentir, de tomar decisiones, de proponer, con autonomía y autodeterminación".*

A pesar de que **la adolescencia** es una etapa del ser humano que difiere notoriamente de la infancia, en el **ámbito jurídico internacional,** la cuestión ha sido abordada de una manera más general, incluyendo a los adolescentes en la categoría jurídica de niños. Así, la Convención sobre los Derechos del Niño, en su artículo

IDEOLOGIA DE GÉNERO

l ha optado por utilizar la palabra niño para referirse a *"...todo ser humano menor de dieciocho años de edad, salvo que, en virtud de la ley que le sea aplicable, haya alcanzado antes la mayoría de edad".*

Es decir, los países signatarios de la Convención han ampliado la utilización del término niño o niña para designar al grupo poblacional cuya edad oscila entre los 0 y 18 años de edad. Con la salvedad de que el Estado signatario, en virtud de su legislación interna, podría establecer la mayoría de edad a una edad más temprana, sin vulnerar con ello, el contenido de la Convención.

En el caso del Ecuador, la normativa constitucional y legal sí se ha ocupado de hacer una diferenciación entre la categoría niño o niña y adolescente, así la Constitución de la República del Ecuador, en varios artículos se refiere a estos grupos poblacionales distinguiendo a la niñez de la adolescencia, lo cual no implica, en absoluto, una afectación a su condición de sujetos de derechos ni a la protección constitucional brindada a los menores de edad, pues, las mismas prerrogativas de los niños y niñas se aplican a los adolescentes, de hecho en los artículos 44, 45 y 46 del citado cuerpo legal se formulan una serie de principios y reglas aplicables a ambos grupos poblacionales

El Código de la Niñez y la Adolescencia en el Art. 4.- *Niño o niña es la persona que no ha cumplido doce años de edad. Adolescente es la persona de ambos sexos entre doce y dieciocho años de edad.*

IDEOLOGIA DE GÉNERO

El Art. 1.- La finalidad.- del Código de la Niñez y adolescencia dispone sobre la protección integral que el Estado, la sociedad y la familia deben garantizar a todos los niños, niñas y adolescentes que viven en el Ecuador, con el fin de lograr su desarrollo integral y el disfrute pleno de sus derechos, en un marco de libertad, dignidad y equidad. Para este efecto, regula el goce y ejercicio de los derechos, deberes y responsabilidades de los niños, niñas y adolescentes y los medios para hacerlos efectivos, garantizarlos y protegerlos, conforme al principio del interés superior de la niñez y adolescencia Concordancias: CODIGO DE LA NIÑEZ Y ADOLESCENCIA, Arts. 157 CODIGO CIVIL (LIBRO I), Arts. 41 Art. 3.- Supletoriedad.- En lo no previsto expresamente por este Código se aplicarán las demás normas del ordenamiento jurídico interno, que no contradigan los principios que se reconocen en este Código y sean más favorables para la vigencia de los derechos de la niñez y adolescencia.

Así pues, esta Corte considera que la diferenciación entre niños y niñas, y adolescentes no tiene como fin brindar a estos últimos distinta protección, sino, considerando el mayor grado de desarrollo biológico, psicológico, social y cultural respecto de los adolescentes, otorgarles mayor participación en los organismos públicos y privados que adopten decisiones que les conciernen, así como evidenciar que el contenido de los derechos de los adolescentes en ciertos ámbitos difiere del de los niños y niñas. (CASO N.° 0775-11-.TP / CORTE CONSTITUCIONAL DEL ECUADOR)

IDEOLOGIA DE GÉNERO

La Ley Ecuatoriana considera niños sólo hasta antes de cumplir los 12 años de edad, adolescente entre los 12 a 17 años. Esta diferencia "interpretativa" en el ámbito legal ha servido de base para introducir "legalmente" programas de contenido de género y realizar campañas de prevención del embarazo adolescente llevada a cabo por el Ministerio de Salud Pública del Ecuador, representado en ese entonces por el doctor David Chiriboga Alnutt, que incluía la entrega de preservativos a las y los adolescentes en general y de manera especial, a los comprendidos en el grupo etario de los 12 a 14 años.

La entrega de "condones", no ha hecho más que afirmar la permisibilidad de relaciones sexuales entre enamorados prematuramente con los consiguientes embarazos. Basados en datos del Instituto Ecuatoriano de Estadísticas y Censos (INEC), el documento muestra que, en el 2014, 49,3 de cada 100 hijos nacidos vivos fueron de madres adolescentes, de hasta 19 años. Si se toma en cuenta los rangos de edad, las progenitoras menores de 15 años, representan el 3%. Las madres entre 15 y 17 años conforman el 23%. Mientras que las mamás de entre 18 y 19 años ocuparon el 23.3%. Según el informe, en total, 12 de cada 100 adolescentes de 12 a 19 años son madres.

La solución no reviste en dar "condones", si no en educar en valores morales enseñando a los niños y adolescentes que la salud sexual y reproductiva debe estar encaminada a la conservación y cuidado del cuerpo por medio de la castidad, reservando el acto sexual y

IDEOLOGIA DE GÉNERO

madurez para el matrimonio y no promoviendo la promiscuidad sexual e introduciendo doctrinas extrañas basadas en la "diversidad sexual de género" trastornando las mentes y confundiendo la identidad del niño, quienes aprenden a desvalorizar sus propios cuerpos conforme lo señala la Biblia en 1ra. Corintios 6:18 *Huyan de la inmoralidad sexual. Todos los demás pecados que una persona comete quedan fuera de su cuerpo; pero el que comete inmoralidades sexuales peca contra su propio cuerpo.*

De plano, se niega machacosamente la *no existencia de ideología de género*, sin embargo La abogada Silvia Buendía, especialista en defensa de derechos de personas Lgbti, recordó que el **enfoque de género** debe ser transversal y está en el artículo 70 de la Constitución.

¡Todo el sistema legal Constitucional está plagado de género!

El meollo del asunto radica en las transitorias del reglamento que plantean que los entes de política pública en educación básica, secundaria y superior elaboren y actualicen las mallas curriculares, en todos los niveles y textos y guías docentes que incluyan la transversalización del **enfoque de género**, nuevas masculinidades, mujeres en diversidad, prevención y erradicación de la violencia contra las mujeres, cambio de roles y eliminación de estereotipos de género en 180 días.

La Asamblea Nacional Constituyente Ecuatoriano con fecha 31 de Julio del 2018 , se pronuncio respecto a la

IDEOLOGIA DE GÉNERO

injerencia de género en la mallacurricular con 70 votos a favor del derecho de los padres de familia a educar a sus hijos "de acuerdo a sus principios, creencias y opciones pedagógicas" sin interferencia del Estado, e ideologias de género en especial en temas como la educación sexual .

Derechos Sexuales y Reproductivos de los Adolescentes

Los derechos sexuales y reproductivos son derechos humanos ya reconocidos en tratados y documentos internacionales, basados en la libertad, dignidad e igualdad, inherentes a todos los seres humanos. Por lo tanto son parte inalienable, integral e indivisible de los mismos.

Según el Código de la Niñez los adolescentes (12 a 18 años,) tienen derecho a disfrutar de una "vida sexual satisfactoria y sin riesgos" y a decidir sobre su vida reproductiva" de forma libre, responsable e informada", como sujetos plenos de derechos y en virtud del principio de autonomía.

Para que estos derechos puedan ser ejercidos por niños, niñas y adolescentes debe existir dos elementos importantes:
1.- La educación sexual impartida desde la institución escolar pública y privada
2.- Los servicios de salud sexual y reproductiva para adolescentes provistos desde los efectores de salud.

IDEOLOGIA DE GÉNERO

Dado que la salud es un derecho humano fundamental, la salud sexual debe ser un derecho humano básico. Para asegurar el desarrollo de una sexualidad saludable la educación de los niños y adolescentes debe consistir en la enseñanza sobre el cuidado de sus cuerpos y la práctica de la castidad sexual, hasta alcanzar la madurez necesaria, responsable, con capacidad de proveer sostenimiento económico, cuidar su hogar, y decidir cuándo y cuantos hijos desean en compromiso matrimonial heterosexual.

La salud sexual responsable implica que niños y adolescente, no deben iniciar su vida sexual a temprana edad, sin la madurez necesaria para asumir responsabilidades y roles ante un eventual embarazo, el reconocimiento legal del niño, la honra, honor de la señorita.

La Educación Sexual y Reproductiva:

No consiste en proveer "condones" a diestra y siniestra, o responsabilizar al abuelo del niño para su sustento económico, cuando el chico irresponsable que ha ejercido su derecho a la "libertad sexual" no está en capacidad económica, ni legal de responder por ello.

No consiste en orientar, hacia prácticas homosexuales basados en "diversidades masculinidades o feminidades" por ser incongruentes a la realidad única de un hombre y una mujer.

IDEOLOGIA DE GÉNERO

No consiste en enseñar conceptos anticientíficos y antibiológico de género desconstructiva. Diciendo: *"Los sexos ya no son dos sino cinco, y por tanto no se debería hablar de hombre y mujer, sino de mujeres heterosexuales, mujeres homosexuales, hombres heterosexuales, hombres homosexuales y bisexuales"*, cuando la realidad objetiva y psíquica dicta que **el sexo es único de un hombre y una mujer**, el resto deriva de prácticas depravadas y desviada del sexo original.

El homosexual sigue siendo hombre a pesar de sus preferencias desviadas y no reproductivas, en tanto que la lesbiana sigue siendo mujer a pesar de su desorientación sexual.

La libertad sexual **no consiste** en el "libertinaje sexual", que se promueve indirectamente con entrega de condones en las escuelas, colegios y puedas tener "libertad sexual" con quien quieras y cuando quieras, eso se llama "prostitución", o "Promiscuidad sexual", eso no tiene nada de educacional pero sí reproductivo, con embarazos no deseados, son falencias de género.

No consiste en erradicar la "homofobia" enseñando a los varones y niñas a probar que no son homofóbicos "experimentando" con su propio cuerpo y con personas del mismo sexo, eso se llama homosexualisación y ¡no tiene nada de educativo!

La salud sexual responsable y reproductiva **consiste** en asesorar de cómo deben cuidar sus cuerpos entre parejas de enamorados, exista el respeto y no los

IDEOLOGIA DE GÉNERO

manoseos y caricias sexuales que encienden las bajas pasiones juveniles, que incita a las relaciones sexuales irresponsable, produciendo madres solteras adolescentes, abortos de niños no deseados en una relación sexual prohibida que tratan de ocultar, infecciones de transmisión sexual, contagio de VHI, enseñar el no contacto sexual anal por ser una situación poco higiénica y amoral. La penetración anal está prohibida, es contra natura, y tener relaciones durante el período menstrual está prohibido como lo indica Romos 1:26-27 *Por esto Dios los entregó a pasiones vergonzosas; pues aun sus mujeres cambiaron el uso natural por el que es contra naturaleza, y de igual modo también los hombres, dejando el uso natural de la mujer, se encendieron en su lascivia unos con otros, cometiendo hechos vergonzosos hombres con hombres, y recibiendo en sí mismos la retribución debida a su extravío.*

Una buena forma de prevenir cualquier tentación a la fornicación es vestir de forma no provocativa para el sexo opuesto.
Que las enfermedades de transmisión sexual no tienen que ver con el uso de preservativo solamente, porque hay enfermedades que se transmiten piel a piel, como el virus del papiloma humano que causa cáncer de útero.
Que la clamidia es una enfermedad incurable que te deja estéril para toda tu vida. Eso es lo que le tienen que decir y no: "Ten sexo libremente". Bajo esquemas ¡claros!, sin "falacias de género" los derechos sexuales y reproductivos deben ser reconocidos, promovidos, respetados y defendidos por todas las sociedades.

IDEOLOGIA DE GÉNERO

El asunto que causa conmoción social consiste en que no se orienta al niño y adolescente en principios de normas éticos, morales, y valores, sino en enseñanzas solapadamente conceptos desvirtuados de género y doctrinas extrañas, con contenidos heréticos, deconstructivos de los valores y roles social, con uso de artilugios y falacias que han hecho creer a la opinión pública que son fuente de discriminación social.

La ideología de género ha plagado cual virus las diferentes instituciones del Estado. Debido a que la ley puede ser interpretada de diferentes formas y conveniencias, lo que es aprovechado por el Lobby homosexual incrustado en el feminismo radical para introducir leyes con contenido "inocente", de "derechos igualitarios" y "protección contra el femicidio" para desde ahí, a afianzar paso a paso su doctrina deconstructiva de género e introducir leyes deconstructivos e injustos de "salud y reproducción sexual", en donde los niños se les enseñen "diversidad de género", el uso de condones y legalizar la promiscuidad sexual temprana junto con el aborto como un "derecho constitucional y humano" sin injerencia paternal.

Su objetivo: conquistar el sistema educativo escolar como elemento prioritario para la "imposición legal" de la deconstrucción social de género, razón por el cual no se sociabiliza el tema bajo ningún concepto con los padres de familia, por considerarlo como fuente discriminativa de género.

IDEOLOGIA DE GÉNERO

Capitulo III
EDUCACION ESCOLAR DE GÉNERO

La enseñanza ideológica de género en el sistema educativo es una carga ideológica muy pesada y confusa para un estudiante de 7mo grado (11 a 13 años) conforme los textos Panameños el cual puede confundir su psicosexualidad, al decir que "la identidad de género se va formando según…lo que la sociedad valora… y los modos de sentir y pensar de hombres y mujeres". Esto es un error. La identidad sexual NO TE LA DAN tus emociones, ni lo que dicte la sociedad. La identidad sexual viene programada por Dios en el ADN de cada célula de tu cuerpo que tiene cromosomas XX para la mujer y cromosomas XY para el hombre. El cerebro de los hombres y de las mujeres, las hormonas y las conexiones que dominan la estructura cerebral hacen que las personas actúen y se identifiquen con el género correspondiente al sexo con el que nacieron, es decir, hombre o mujer. Esto es un hecho neurocientíficos y biológico que no debemos ignorar. Lo científico debe prevalecer sobre lo que dicta la sociedad o las emociones.

La enseñanza es en sí implica una deconstrucción sexual de género que ha plagado el sistema educativo, enseñando inconsistencias científicas e ¡imponiendo! lo absurdo como una verdad ¡única!, esto en complicidad con los gobiernos de turno que tienen pactos con organismos internacionales quienes apoya y prestan dinero a cambio que se ingrese dentro de la marra curricular los supuestos "derechos reproductivos de

IDEOLOGIA DE GÉNERO

género". Como referencia, los textos educativos panameños de las editoriales Santillana y Susaeta en el material educativo son un ejemplo claro de su contenido amoral ideológico, el mismo contenido se repite en textos educativo en otros países.

Los libros consultados dicen que han sido elaborados siguiendo los programas de MEDUCA. Su contenido corresponde al programa vigente del MINISTERIO DE EDUCACIÓN y son producto de "diversos autores, conocimientos, investigaciones y experiencia adquiridas"

>   A. *Familia y Desarrollo Comunitaria, SANTILLANA / 7mo. Pg. 74*

En esta literatura la identidad sexual, no la da el sexo biológico con el que naciste, sino "la manera en que la persona se asume como hombre o mujer (identidad)."

¿A esto le llaman científico o educativo? Esto no solo carece de contenido educativo, además de ser confuso, es incierto y anticientífico. Deja abierta la opción de que un hombre "se asuma" que es mujer y viceversa.

Tus emociones y sentimientos NO DEFINEN TU IDENTIDAD... Sin embargo, existe la disforia de género que antes se conocía como disforia de sexo, incongruencia de trastorno de género o transgénero que es una condición reconocida que necesita tratamiento.

IDEOLOGIA DE GÉNERO

✓ *7MO. GRADO*
FAMILIA Y DESARROLLO COMUNITARIO, EDITORIAL SANTILLANA / Pág. 67

Se le da un enfoque de género a la identidad del hombre y de la mujer al decir que independientemente de las diferencias como seres sexuados (hombre o mujer), las personas pueden identificarse con uno u otro género, según lo dicta o lo censura la sociedad. Esto se conoce como "identidad de género". Continúa diciendo que "esto limita a los hombres y mujeres de oportunidades para su desarrollo personal y colectivo".

✓ *6to GRADO*
FAMILIA Y DESARROLLO COMUNITARIO, EDITORIAL SANTILLANA/ Pág. 57 **Roles de género.**

Se les pide que describan qué diferencias con respecto al otro "género", caracterizan tu rol sexual de una manera clara. Falta información. No se ha definido qué es género. Se debe tomar en cuenta el orden jurídico panameño y aclarar que, según el Estatuto de Roma, ratificado por Panamá mediante Ley No. 14 del 13 de marzo de 2002, el término "género" se refiere a masculino y femenino.

Se les dice que "hay que cambiar los roles sexuales que la sociedad ha establecido al hombre y a la mujer". La realidad objetiva es otra, las mujeres como los hombres tienen igualdad de deberes y derechos ante la ley y, por lo tanto, una mujer puede ejercer los mismos roles que el hombre en cualquier plano. Falta información. Deben explicar que los "roles sexuales" originales que la

IDEOLOGIA DE GÉNERO

sociedad les asignó al hombre y a la mujer, responden a las diferencias biológicas entre mujeres y hombres.

Hay 3 aspectos neurobiológicos que nos ayudan a entender las diferencias entre el sexo masculino y el sexo femenino: la testosterona, la serotonina y la amígdala cerebral.

Pág. 59

Dice que "la escuela es uno de los lugares en los que adquirimos algún prejuicio sobre las personas". Esta información está enfocada solamente a la "homofobia, sexismo, racismo, machismo". Debe decir que toda forma de bullying o acoso, por la razón que sea, debe ser corregida en la escuela a través de formularios de reporte y de correctivos que van desde pedir disculpas, resarcir el daño, suspensión y expulsión en casos graves de acoso escolar. Los correctivos deben tener participación de los padres de familia para que en casa se hagan ajustes de conducta del niño o niña agresor. Esta es la forma eficaz de manejar el bullying en la escuela y hay que decirlo a los estudiantes.

✓ *CIENCIAS NATURALES, SUSAETA GRADO 11 / Pág. 130 y 132*

Explica que las enfermedades de transmisión sexual (ETS) se transmiten por contacto vaginal, anal u oral. Falta información. Se debe explicar que no todos los orificios del cuerpo están diseñados para el sexo. Según la Fundación de Cáncer Oral de los Estados Unidos, estudios han demostrado que el 64% de los casos de

IDEOLOGIA DE GÉNERO

cáncer oro-faríngeo, cabeza y cuello son causados por el Virus de Papiloma Humano (VPH) que se transmite vía sexo oral.

Margaret Stanley, profesora de la Universidad de Cambridge dice que hay una alta incidencia de cáncer en jóvenes menores de 30 años, debido a las prácticas del sexo oral y anal impulsadas por la pornografía. Mientras más parejas tiene una persona, mayor riesgo ser infectado de ETS

Según la Asociación Americana del Cáncer, el sexo anal incrementa el riesgo de cáncer tanto en hombres como en mujeres. Al no explicar esto, se deja abierta la opción de que estas conductas sexuales son naturales y sanas cuando en realidad no lo son.

✓ *5to. GRADO*
CIENCIAS NATURALES, EDITORIAL SANTILLANA
Pág. 24

No se indican todas las partes del órgano sexual femenino que aparece en la foto del libro. No se nombra el meato urinario ni el orificio vaginal. Sólo se nombra el clítoris. Se invita a los estudiantes a visitar una página web https://www.santillana.com.pa/sistreproductorCN5 que no está disponible.

A una niña/o de 10 años se le debe decir "dile a tu papá o mamá que puedes visitar nuestra página web". La supervisión en el internet es importante y debe tener filtros adecuados.

IDEOLOGIA DE GÉNERO

Pág. 35

Paternidad y Maternidad Responsable. Falta información. Debemos incentivar la paternidad responsable, sobre todo cuando la familia atraviesa una crisis por la ausencia de la figura paterna en la formación y sustento de sus hijas e hijos. Un niño necesita a su mamá tanto como a su papá.

Pág. 37

Deben hacer una entrevista a vecinos o familiares cercanos que estén en la adolescencia. No es recomendable exponer a una niña o niño de sólo 10 años a preguntar sobre cosas íntimas y sentimientos a otros niños que no son de su edad. Las preguntas van desde hasta ¿te gusta algún compañero o alguna compañera?, ¿sientes que tus padres te comprenden? ¿Qué pasa si las respuestas son sentimientos negativos?, ¿cómo puede impactar esto en su psicosexualidad y desarrollo?

Esto puede poner a los hijos en contra de los padres *FAMILIA Y DESARROLLO COMUNITARIO, SANTILLANA / 9no. GRADO /Pág. 78*

Dice que cuando los hijos nacen en un matrimonio, la pareja tiene que redefinir la manera de relacionarse sentimental y sexualmente. ¿Cómo explicar esto? ¿Por qué los estudiantes tienen que saber esto? ¿Qué objetivo tiene esta información?

Pág. 80. El libro promueve la perspectiva del "sexo seguro" al no explicar que los métodos barrera como el condón, son profilácticos, pero no cubren todas las áreas

IDEOLOGIA DE GÉNERO

infectadas de VPH, Gonorrea, Sífilis y Hepatitis. Tampoco explican que los anticonceptivos orales e intrauterinos no son inocuos y tienen efectos secundarios para la mujer. Este tipo de información, sin formación, facilita el inicio de relaciones sexuales en adolescentes confiados en el "sexo seguro". No dicen que solamente hay una manera de permanecer saludable en medio de esta revolución sexual. Es casarse y ser FIEL.

✓ *CÍVICA DE SUSAETA 9no. Grado Pág. 23, 24 y 25*

Piden a los estudiantes que busquen un vídeo de la familia europea. Dice que en Europa la "familia arcoíris" está compuesta por una pareja homosexual con o sin hijos. Que las parejas homosexuales en Europa forman familias homoparentales, en ocasiones mediante la adopción. También deben decir que El Concilio Nórdico de Ministros (organización de cooperación intergubernamental integrada por Noruega, Suecia, Finlandia, Dinamarca e Islandia), decidió clausurar el Instituto Nórdico del Género (NIKK), principal instituto que promueve la llamada teoría del género, proveyendo la base "científica" para las ideas educativas y políticas que desde la década de los 70 transformaron a los países nórdicos en una de las sociedades más receptivas a la llamada ideología del género.

El resultado de estas políticas ha sido una población envejecida y una tasa de nacimiento muy baja. La decisión de cerrar el Instituto del Género fue tomada luego que la televisión estatal noruega transmitiera un

IDEOLOGIA DE GÉNERO

documental en el cual estas ideas y conceptos del género fueron desenmascaradas, demostrando que sus investigaciones carecían de base científica.

El productor de esta serie se llama Harald Eia, un comediante noruego que ha ganado gran popularidad en su país por sus programas satíricos de televisión. Pero, aparte de ser un comediante, el Eia posee un grado en ciencias sociales. Su interés en el tema surgió al observar que, a pesar de todos los esfuerzos del gobierno y los políticos para remover los llamados "estereotipos del género", las niñas continuaban prefiriendo profesiones "femeninas" (enfermeras, estilistas, etc.) y los varones, profesiones masculinas (técnicos, trabajadores de construcción, etc.). Por el contrario, en lugar de haber disminuido este patrón, luego de años de haberse establecido las políticas de igualdad de género, estas tendencias han aumentado. Este es el vídeo que los estudiantes deben ver. Aquí está el vídeo https://www.youtube.com/watch?v=YKmyO3hbOz8

FAMILIA Y DESARROLLO COMUNITARIO de 9no Grado – SANTILLANA/ Pág. 63

Pregunta a los estudiantes si consideran que su familia es adecuada. Ningún libro de texto debe cuestionar la familia del estudiante. Esto abre espacio para poner a los hijos en contra de su propia familia.

Estos datos son obtenidos directamente de http://alianzapanamena.com/conoce-las-mentiras-los-libros-tus-hijos/

IDEOLOGIA DE GÉNERO

Ideología de Género en el Sistema Educativo

El presidente de la República del Ecuador Sr. Lenin Moreno emitía un decreto presidencial n. 397 con fecha 4 de Junio 2018, Reglamento a la *Ley Orgánica Integral para Prevenir y Erradicar la Violencia Contra las Mujeres,* disposición transitoria Quinta en la que se ordena que en las mallas curriculares o pensum de estudios de los niños en todos los niveles educativos, se incluya como materia de estudio con carácter <<obligatorio>> *las nuevas masculinidades, mujeres en su diversidad, cambio de roles, y eliminación de estereotipos de género.*

Dentro del ámbito legal de la violencia contra las mujeres se pretendía camufladamente introducir la enseñanzas homosexuales o de género, en donde nacer hombre o mujer no define su sexualidad y con desconstrucción de roles sociales sin consultar, ni sociabilizar este delicado tema con los padres de familia, pese a que la Asamblea Nacional eliminó todos estos términos en la Ley Orgánica Integral para Prevenir y Erradicar la Violencia Contra las Mujeres, por considerarlos violatorios de los Derechos y Garantías Constitucionales de padres e hijos, conforme al Art.26.3 de la Declaración Universal de los Derechos Humanos y el Art. 29 de la Constitución de la República del Ecuador, que determina que únicamente los padres de familia pueden decidir el tipo de educación, principios y valores que desean para sus hijos.

IDEOLOGIA DE GÉNERO

A pesar de ello, los de género presionan en base de leyes adquiridas en el cuerpo legal para que entren en vigencia sus enseñanzas ideológicas con contenido de género. Dichas intenciones legales de género se denunció ante los medios de comunicación y en sociabilización con el Sr presidente Lenin Moreno en donde se expuso las falencias legales que se pretendían imponer. Dicho informe tuvo repercusiones públicas por las redes sociales, con marchas de miles de familias en apoyo a la derogatoria de leyes que favorecen al lobby homosexual en desmedro del común de los ciudadanos y de la familia nuclear tradicional con la implantación educativa de la ideología de género que se pretendía legalizar por mandato constitucional.

Frente a la multitudinario rechazo del pueblo Ecuatoriano a esta abusiva imposición de género, el Sr. Presidente Lenin Moreno emite un decreto presidencial n. 460 con fecha 19 de Julio del 2018 en el cual elimina la mayoría de los términos de "nuevas musicalidades" y "mujeres en su diversidad", aunque mantiene temas de estereotipos de género que se espera que a su debido momento sea revisado y sacado de lineamiento, a la vez que se condena la actitud del ministro de Educación, Fander Falconí y del resto de funcionarios que absurdamente pretendieron justificar estos desaciertos alegando una "supuesta desinformación" de los padres de familia. Cuando son confrontados con los hechos ¡todos! Como Poncio Pilatos, se lavan las manos.

IDEOLOGIA DE GÉNERO

Manipulación de la mente y lavado de cerebro

Los ideólogos de género presuponen que la feminidad y masculinidad son construcciones sociales, productos de la cultura y la educación, que es preciso eliminar por completo para garantizar una verdadera igualdad en todos los planos de la vida, incluido el reproductivo y biológico. Con tal fin, se desprecia la maternidad y, en consecuencia, se desestabiliza la familia como institución social.

Es importante ponernos al tanto del conocimiento de cómo se pretende imponer la desconstrucción social y sexual en las personas, desde el inicio en el área escolar. A fin de proteger a la familia de perversas intenciones y evitar que las próximas generaciones se perviertan el derecho y la justicia.

Para ejecutar la ideología de género, las autoridades respectivas tienen preparados **talleres de idealización** para deconstruir el pensamiento humano e intelectual que les permite discernir entre el bien y el mal, lavar el cerebro e introducir herejías destructiva.

Primero citan con carácter urgente a los distribuidores, editores y editoriales de textos educativos a recibir "charlas de género", "capacitarlos" para que elaboren los texto acorde al pensamiento ideológico y las personas que no se ajusten a las normativas gubernamentales serán dejados fuera de la participación de contratos de venta de libros de textos escolares afectando a sus economías y poniendo el riesgo a los empleados de quedarse sin trabajo.

IDEOLOGIA DE GÉNERO

Los que se nieguen, sin que se den cuenta serán colocados en la **lista negra** para cuando **la Ley Marcial Ideológica de Género** se imponga, estas personas serán perseguidas y encarceladas acusado de "homofóbicos", "odiadores" y "subversivos" a las leyes del País. Muchos por temor a perderlo todo, por comodidad o ganancia económica se alinearan a esta ideología diabólica de género, otros en cambio tendrán que ir a la clandestinidad y defender sus derechos humanos.

En Ecuador, el gobierno Ecuatoriano de sr. Lenin Moreno ha firmado un **decreto impositivo # 397,** La normativa tiene por objeto establecer las normas de aplicación de la Ley, así como definir los procedimientos para la prevención, atención, protección y reparación de las mujeres víctimas de violencia.

El reglamento en cuestión consta del Libro I relacionado a la planificación del sistema nacional integral para prevenir y erradicar la violencia contra las mujeres, y del Libro II sobre los ejes para este fin. (JPM). En ello se ha incluido en el sistema educativo para que se eduque a los niños con **enfoque de género,** tanto en el sistema primario, segundario y superior con los mismos contenidos de textos de Panamá en otros países. Este "enfoque de género se encuentra camuflado en el reglamento de la "violencia contra la mujer", aprobado en la Asamblea Nacional en Diciembre pasado y por orden presidencial ingresa al Ministerio de Educación y Senescyt para elaborar las mayas curriculares, textos y guía docentes, para ser aplicadas en la educación pública como privada, sin haber consensuado con los padres de

IDEOLOGIA DE GÉNERO

familias a sabiendas que era imposible que dejen pasar esta **ley perjudicial y destructiva**. Estos deberán incluir la transversalización de género, nuevas masculinidades, mujeres en su diversidad, prevención y erradicación de la violencia contras la mujeres, cambio de roles y eliminación de estereotipos de género.

Este modelo ideológico ha plagado todas las instancias gubernamentales hasta el punto que la ley tiene contenido de género plataforma de lucha en el derecho legal para su implementación legislativa. Se trata desestimar, como era de esperar porque en el derecho legal Ecuatoriano "El enfoque de género es una garantía constitucional"

"Se están diciendo cosas muy feas y muy tontas a propósito de este Decreto, que se confecciona y publica para el reglamento de la Ley Integral Orgánica para Prevenir y Erradicar la Violencia contra las Mujeres. Las leyes necesitan reglamentos y estos son potestad de la Presidencia de la República. La norma que se aprobó el 26 de noviembre de 2017 necesitaba su reglamento y es este", explico la abogada Silvia Buendía.

Este enfoque legal, tiene su acierto en la jurisprudencia de tal forma que un profesional del derecho va a actuar conforme al derecho que no siempre es derecho, recto o justo por sus falencias legales con doble sentido que perjudica los intereses éticos y morales de la colectividad. El enfoque de género es una garantía constitucional que consta en el artículo 70 de la Constitución. Y ya constaba en el artículo 30 de la

IDEOLOGIA DE GÉNERO

Constitución de 1998, porque data de la Plataforma de Beijing, un convenio y compromiso internacional que tiene Ecuador con los Derechos Humanos desde 1995".

El Ecuador no está en la obligación de implementar enfoque de género mal aplicado y con contenido engañoso para introducir la enseñanza homosexual a los niños pretendiendo hacer creer que debe enseñárseles a los niños que hay estereotipos propios de cómo se ha concebido la masculinidad que produce violencia. Por ejemplo: 'los niños siempre ganan, las niñas no juegan fútbol, los niños no lloran, los niños arreglan sus problemas a golpes' y que por esta supuesta causa la mayor parte de la violencia de género del hombre hacia la mujer se da en las relaciones de pareja".

Esto constituye una falacia legal, no son conceptos cristianos ni valores que transmitimos a nuestros hijos, excepción a la regla que ciertos padres inculcan a su hijos a "ser valiente y no llorar" o que los niños siempre ganan en especial de aquellos que no conocen la Palabra de Dios y sus valores universales e inmutables, pero que se toman como pretexto para enseñar conceptos anticientíficos y poco de educativo como la "diversidad de mujeres", mujer es una sola persona, ser extraordinaria, única para procrear y generar vida,, no existe variantes de lo femenino lo que existe son distorsiones de la personalidad y sodomización que inducen al engaño a pretender que nacieron "hombre pero por dentro son mujer" y viceversa, se engañan a sí mismo, pretenden dorar la píldora para que el común de los mortales se trague el cuento legal y de derecho, pero

IDEOLOGIA DE GÉNERO

la Biblia dice en **Isaías 3:9** *Su propio descaro los acusa y, como Sodoma, se jactan de su pecado; ¡ni siquiera lo disimulan! ¡Ay de ellos, porque causan su propia desgracia!* (NVI)

Para la abogada, la ley aprobada el año pasado evidenció que no se puede cambiar una conducta, sino se cambia la educación, pues solo así es posible modificar las bases socioculturales de la comunidad. *"Tenemos que aprender desde chicos que no puedes violar a una mujer, que una mujer no es propiedad personal, que la violencia no es el camino. De allí sale el término de nuevas masculinidades, porque hay otras maneras de ser hombre. Puede haber hombres sensibles que lloran, comprometidos con la igualdad, que cuidan a sus hijos porque son sus hijos y son su responsabilidad*

Si la educación cambia la conducta humana ¿por qué existen personas muy preparadas pero corruptas? Tenemos un vicepresidente en la cárcel acusado de corrupción y con ellos algunos ministros de gobierno y un ex presidente prófugo de la justicia. La educación prepara la mente pero no transforma el corazón de las personas, debido a que el ser humano nace con una naturaleza pecaminosa e inclinación al mal, el salmista David dijo: *He aquí, en maldad he sido formado, y en pecado me concibió mi madre.* Salmos 51:5 Y en Jeremías 17:9-10 dice de la siguiente manera: *Engañoso [es] el corazón más que todas las cosas, y perverso; ¿quién lo conocerá? Yo [soy] el SEÑOR, que escudriño el corazón, que pruebo los corazones, para dar a cada uno según su camino, según el fruto de sus obras.*

IDEOLOGIA DE GÉNERO

El único que puede cambiar la conducta humana en justicia y verdad es Dios por medio de la regeneración del corazón en la persona de Jesucristo como está escrito en 2da.Corinrios 4:6 *Porque el Dios, que mandó que de las tinieblas resplandeciese la luz, [es] el que resplandeció en nuestros corazones, para iluminación del conocimiento de la claridad de Dios en la faz del Cristo Jesús.* Y en 2da.Corintios 5:17 *De manera que si alguno [es] en Cristo, [son] nueva creación; las cosas viejas pasaron; he aquí todo es hecho nuevo.*

No es con enfoque de género que el ser humano va a cambiar o que las discriminaciones e irrespeto a las mujeres y las niñas no son naturales, que son construcciones socio culturales que debemos cambiar. Por el contrario, el único bastión de valores se encuentra en las Sagradas Escrituras, si queremos cambiar este tipo de conducta en el ser humano debemos acudir a Él. si sacas de las escuelas la invocación a Dios y les cierran la puertas al evangelio ¿Qué pensamiento e ideología de hombres tomará su lugar? Cuando se prohíbe la Palabra de Dios en el sistema educativo las consecuencias saltan a la vista: niños, adolescentes y jóvenes involucrados en pandillas juveniles, drogas, embarazos precoces, rebeldía escolar, abortos adolescente, delincuencia juvenil, etc.

Los miembros de la Coalición Nacional de Mujeres considera que *"para desnaturalizar las discriminaciones y violencias hay que vivir nuevas masculinidades: no violentas, respetuosas de la autonomía, la integridad y la vida de las niñas y las mujeres. Implica vivir nuevas*

IDEOLOGIA DE GÉNERO

feminidades no subordinadas, implica romper con los roles tradicionalmente asignados a hombres y mujeres".

Para vivir ordenadamente lo que se requiere son **valores** cristianos que transforman vidas y no "nuevas masculinidades o feminidades" que no es otra cosa que la homosexualisación y lesbianismo que se quiere legalizar utilizando artilugios legales como respuesta o solución a la discriminación, la Biblia dice *¡Ay de los que a lo malo dicen bueno, y a lo bueno malo; que hacen de la luz tinieblas, y de las tinieblas luz; que tornen de lo amargo dulce, y de lo dulce amargo! ¡Ay de los sabios en sus [propios] ojos, y de los que son prudentes delante de sí mismos!* Isa 5:20-21

¡Sólo Cristo es la respuesta!

IDEOLOGIA DE GÉNERO

Su contenido educativo viciado, tiene que ver con:

1. Modificar los roles culturales, que supuestamente definen al hombre y a la mujer
2. Las personas nacen neutros, ni son hombre, ni mujeres. Son lo que ellos prefieran ser, acorde a su interpretación personal. Si mañana una persona se cree "Drácula" es un género a respetar, en otro tiempo ya estaría recluido en un sanatorio mental
3. Deconstruir la masculinidad e incluir a las personas trans en la diversidad de mujeres.
4. Proveer un enfoque de género en la identidad masculina y femenina
5. Los quitar los roles de género que identifican al hombre y a la mujer
6. Las Escuelas son los lugares en que se adquieren los prejuicios sociales
7. Promover la promiscuidad sexual por medio de "sexo seguro" (No existe sexo seguro), lo que sí existe es el embarazo seguro, producto no de supuestas violaciones, si no de prácticas sexuales sin compromiso mal llamado "libertad sexual" que no es otra cosa que libertinaje y "derechos reproductivos" (fornicación), para favorecer el campo abierto para el aborto y establecimiento de clínicas abortivas, laboratorios de venta de las "pastillas del día siguiente" ¡el gran negocio del siglo! Que se esconde detrás de estos famosos decretos gubernamentales de género.
8. Desconstrucción del lenguaje
   - ✓ Reemplaza sexo femenino y masculino por *género* para que el engaño sea más creíble.

IDEOLOGIA DE GÉNERO

✓ Reemplazar padre o madre por *paternidad*
✓ Reemplazar familia por *pareja*
9. Legalización de la Familia homosexual u homoparentales
10. Favorecer la adopción homosexual de niños heterosexuales.
11. La desconstrucción de la sexualidad enseña que hay "nuevas masculinidades" y "mujeres en su diversidad", que los niños deben aprender y practicar la homosexualidad como una decisión alternativa de género o "derecho o libertad sexual".
A. Las personas tenemos dos sexo; hombre o mujer, no género, por ser un término incierto.
B. Las palabras y las cosas tienen género y no sexo
C. La sexualidad es biológica, no se construye, se nace con ello. Cuando un bebe nace en un hospital ningún médico les dice a los padres ¡nació un bebe neutro!, por el contrario le ¡felicitan por tener un NIÑO o una NIÑA! ¡así de fácil!
D. Los únicos responsables del bienestar de los niños son los padres, no los homosexuales y pedófilos.
   Esto quedó demostrado con más de 800 violaciones de niños en las aulas escolares, por depredadores sexuales que insisten en que tienen "derechos" sobre nuestros niños a sus prácticas aberrantes. ¡En ningún momento o lugar se ha visto a los niños salir a las calles portando carteles y exigir "derechos" a tener relaciones sexuales con adultos! Con las leyes de género se van a escudar los pedófilos aglutinados en el feminismo radical liderados por los LGBTI, para hacer valer sus derechos depredadores sexuales.

IDEOLOGIA DE GÉNERO

E. No existe sexo neutro; o eres hombre o eres mujer, el resto es perversión sexual
F. El matrimonio original por creación divina es de un hombre y de una mujer. Los homosexuales no se reproducen.
G. El arco iris, significa el pacto de Dios con la humanidad, no tiene otro significado que las mentes pervertidas quieran darle.

12. La Deconstrucción de la religión

La mirada ideológica se dirige a la religión cristiana por ser baluarte de la verdad. La desconstrucción la religión se inicia atacando a la fuente de fe y valores cristianos <<La Biblia>>, la Palabra de Dios, reinterpretándola antojadiza, cambiando frases y el sentido lingüístico gramatical para borrar de ella todo vestigio de que la homosexualidad en todas sus formas verbales en que se presenta, es una corrupción y abominación a los ojos de Dios, el cual prohíbe tajantemente en **Apocalipsis 22:18-19** *Yo testifico a todo aquel que oye las palabras de la profecía de este libro: Si alguno añadiere a estas cosas, Dios traerá sobre él las plagas que están escritas en este libro. Y si alguno quitare de las palabras del libro de esta profecía, Dios quitará su parte del libro de la vida, y de la santa ciudad y de las cosas que están escritas en este libro.*

Considera la religión como un simple invento humano y sostiene que las religiones principales fueron inventadas por los hombres para oprimir a las mujeres. Pero la realidad es otra *Entendiendo primero esto, que ninguna*

IDEOLOGIA DE GÉNERO

profecía de la Escritura es de interpretación privada, porque nunca la profecía fue traída por voluntad humana, sino que los santos hombres de Dios hablaron siendo inspirados por el Espíritu Santo. (2Pe 1:20-21)

La Biblia dice: *Toda la Escritura es inspirada por Dios, y útil para enseñar, para redargüir, para corregir, para instruir en justicia, a fin de que el hombre de Dios sea perfecto, enteramente preparado para toda buena obra.* 2Ti 3:16-17

Hace dos mil años tras, el Apóstol Pablo, inspirado por el Espíritu Santo predijo cómo serían las próximas generaciones antes de la segunda venida del Cristo. Una de las señales seria: *"También debes saber esto: que en los postreros días vendrán tiempos peligrosos. Porque habrá hombres amadores de sí mismos, avaros, vanagloriosos, soberbios, blasfemos, desobedientes a los padres, ingratos, impíos, sin afecto natural, implacables, calumniadores, intemperantes, crueles, aborrecedores de lo bueno, traidores, impetuosos, infatuados, amadores de los deleites más que de Dios, que tendrán apariencia de piedad, pero negarán la eficacia de ella; a éstos evita. Porque de éstos son los que se meten en las casas y llevan cautivas a las mujercillas cargadas de pecados, arrastradas por diversas concupiscencias. Estas siempre están aprendiendo, y nunca pueden llegar al conocimiento de la verdad. Y de la manera que Janes y Jambres resistieron a Moisés, así también éstos resisten a la verdad; hombres corruptos de entendimiento, réprobos en cuanto a la fe".*

IDEOLOGIA DE GÉNERO

Mas no irán más adelante; porque su insensatez será manifiesta a todos, como también lo fue la de aquéllos.

Pero tú has seguido mi doctrina, conducta, propósito, fe, longanimidad, amor, paciencia, persecuciones, padecimientos, como los que me sobrevinieron en Antioquía, en Iconio, en Listra; persecuciones que he sufrido, y de todas me ha librado el Señor. Y también todos los que quieren vivir piadosamente en Cristo Jesús padecerán persecución; más los malos hombres y los engañadores irán de mal en peor, engañando y siendo engañados". **2Ti 3:1 -13**

Capítulo IV
EL ABORTO Y EL ORIGEN DE LA VIDA

El embarazo es un periodo de la vida de la mujer en que el óvulo fecundado en su cuerpo se desarrolla hasta formar un niño, que nace después de completar su crecimiento y madurez

¿Qué es el aborto?

El aborto (del latín abortus), es la interrupción y finalización prematura del embarazo de forma natural, espontánea o inducida (provocada), si esa expulsión del feto se realiza en período viable pero antes del término del embarazo que corresponde a las 37 semanas, se denomina parto "pretérmino" o "prematuro.

El aborto espontáneo

Es un aborto no provocado intencionalmente, y su causa puede ser desde problemas genéticos o cromosómicos del mismo feto, exposición a toxinas ambientales, problemas hormonales de la madre, hasta el tabaquismo, la drogadicción o el alcoholismo, una impresión fuerte, entre otro.

El aborto inducido

Es la finalización del embarazo provocado intencionalmente, mediante la eliminación del embrión o feto (crimen) antes de que pueda sobrevivir fuera del claustro materno. Entre el 20 y el 50% de las gestaciones se interrumpen, por petición de la madre o por indicaciones legales

IDEOLOGIA DE GÉNERO

Embarazo Ectópico

Es todo embarazo que se desarrolla fuera de la cavidad uterina. La más frecuente es el embarazo tubárico con un 99% porque se fija en las trompas de Falopio. Todo embarazo extrauterino representa para la mujer una situación que pone en peligro su vida que puede provocar una hemorragia intensa intraperitoneal que puede producir la muerte por desangrado. Toda mujer por este posible diagnostico debe ser ingresada inmediatamente a un centro hospitalario para su tratamiento.

El niño deseado

¡El aborto no es un método anticonceptivo!
El desear a un niño es decir sí a la vida, y un compromiso de amor, aceptación de protección y cuidados hasta la adolescencia y juventud, si se realiza la interrupción del embarazo se apagará su existencia.
El embarazo produce cambios corporales que afecta el estado emocional de la mujer para una relación madre-hijo feliz.

¿Es un ser humano el fruto de la concepción en sus primeras fases de desarrollo?

La Nasa considera que en el espacio hay vida con tan solo encontrar una simple célula. El esperma masculino es un flagelado portador de vida (ADN) que en contacto con el ovulo inicia el PROCESO DE VIDA, las células se reproducen duplicando su contenido y luego dividiéndose en dos. El ciclo de división es el medio fundamental a través del cual todos los seres vivos se propagan. En especies unicelulares como las bacterias y las levaduras, cada división de la célula produce un nuevo organismo.

IDEOLOGIA DE GÉNERO

Desde que se produce la fecundación **surge un nuevo ser humano**, es desde ese primer instante, la vida del nuevo ser, merece respeto y protección, porque el desarrollo humano es un continuo en el que no hay saltos cualitativos, sino la progresiva realización de ese destino personal. Todo intento de distinguir entre el no nacido y el nacido en relación con su condición humana carece de fundamento científico.

¿Así que no es verdad que al principio existe una cierta realidad biológica, pero que sólo llegará a ser un ser humano más tarde?

No. Desde que se produce la fecundación existe un ser humano con el código genético definido, correspondiente al varón o mujer, al que sólo le hace falta desarrollarse y crecer para convertirse en adulto con todas sus posibilidades corporales, mentales y emocionales, un individuo independiente, completo, funcionalmente activo y único.

¿Cómo puede existir un ser humano mientras es algo tan pequeño, un cúmulo de células que en sus inicios no tiene el más mínimo aspecto humano?

La realidad no es sólo la que captan nuestros sentidos. Los microscopios electrónicos y los telescopios más modernos nos ofrecen, sin lugar a dudas, aspectos de la realidad que jamás habríamos podido captar con nuestros ojos. De manera semejante, la ciencia demuestra rotundamente que el ser humano recién concebido desde la fase embrionaria con sólo unas semanas, se esbozan todos los órganos favoreciendo el potencial desarrollo de

IDEOLOGIA DE GÉNERO

los distintos órganos y características individuales de la nueva persona a partir del contenido en la carga genética de las dos células germinales.

La vida se inicia desde la concepción, las masas de célula corresponden a un proceso de división celular llamado *Fases del Ciclo Celular*, pasando por la interfase, profase y prometafase, metafase, anafase y la telofase, proceso conocido como *División Celular Mitosis*.

Las células somáticas conforman la mayoría de los tejidos y órganos de tu cuerpo, incluyendo la piel, músculos, pulmones, intestinos y células ciliadas son aspecto que presenta, según su fase de desarrollo. Y así, en la vida intrauterina primero es un embrión pre-implantado (hasta la llamada anidación, unos 12-14 días después de la fecundación, en que cabe la posibilidad de que de un mismo óvulo fecundado surjan gemelos); después es un embrión hasta que se forman todos sus órganos; luego, mientras éstos van madurando, un feto, hasta formarse el bebé tal como nace. Por eso no tiene sentido decir que un niño proviene de un feto, como si se tratara de una mariposa que provino de un gusano, sino que él mismo fue antes un feto, del mismo modo que un adulto no proviene de un niño, como un proceso aparte, sino que antes fue niño, y siempre es el mismo ser humano, que sigue un proceso de madures pasando por su desarrollo de niño a adulto, hasta su muerte. Y tan absurdo sería defender que el hijo recién concebido no es un ser humano porque no tiene aspecto de niño, como suponer que el niño no es un ser humano porque no tiene el aspecto externo del adulto.

Entonces, ¿con qué fundamento defienden algunos que el hijo aún no nacido forma parte del cuerpo de la madre, y que es ella la única que puede decidir sobre el destino del hijo?

Quienes así argumentan no tienen ningún fundamento en absoluto. La realidad demuestra categóricamente que el hijo es un ser por completo distinto de su madre, que se desarrolla y reacciona por su cuenta, aunque la dependencia de su madre sea muy intensa, dependencia que, por cierto, continúa mucho tiempo después del nacimiento. Ni siquiera forman parte del cuerpo de la madre la placenta, el cordón umbilical o el líquido amniótico, sino que estos órganos los ha generado el hijo desde su etapa de cigoto porque le son necesarios para sus primeras fases de desarrollo, y los abandona al nacer, de modo semejante a como, varios años después del nacimiento, abandona los dientes de leche cuando ya no le son útiles para seguir creciendo. Por tanto, pretender que el hijo forma parte del cuerpo de la madre por el hecho de estar en su vientre no es, en el mejor de los casos, más que una muestra de absoluta ignorancia porque su vida no le pertenece.

IDEOLOGIA DE GÉNERO

¿Qué opinan los médicos de la realización de abortos provocados?

La gran mayoría de los médicos, en todo el mundo, se niegan terminantemente a practicar abortos, porque saben que un aborto provocado es acabar violentamente con la vida de un ser humano, y esto es enteramente contrario a la práctica de la Medicina.

El aborto en si constituye un grave peligro para la vida o la salud física o psíquica de la embarazada y así conste en un dictamen emitido con anterioridad a la intervención por un médico de la especialidad correspondiente, distinto de aquél por quien o bajo su dirección se practique el aborto. En caso de urgencia por riesgo vital para la gestante, podrá prescindiese del dictamen y del consentimiento expreso.

Riesgos quirúrgicos en un Aborto

¡No existe un aborto seguro!, cuanto más avanzado esté el embarazo, mayor será el riesgo quirúrgico.

Las complicaciones principales de un aborto son las infecciones ascendentes, que pueden provocar esterilidad o llevar a posteriores embarazos extrauterinos. Una dilatación quirúrgica no fisiológica del cuello uterino al practicar un aborto puede debilitar el cuello uterino así como del aparato del cierre del útero lo que conllevaría a posteriores abortos espontáneo o de un parto prematuro en un embarazo posterior.

La perforación instrumental de la pared uterina con posible lesión de los órganos vecinos durante la realización del aborto precisa la intervención quirúrgica mediante la abertura de la cavidad abdominal. Una hemorragia interna durante la intervención puede hacer necesaria una transfusión sanguínea. En casos extremos puede provocar la muerte de la mujer, debido a la aparición de una peritonitis o una hemorragia.

No hay que olvidarse de la posibilidad de que aparezcan complicaciones psíquicas, que pueden derivar en una depresión o sentimiento de culpabilidad, en especial cuanto desea un embarazo y aparece el problema al no surgir como se esperaba.

Síndrome Post aborto
- Depresión
- Ansiedad
- Baja autoestima
- Traumas mentales
- Anorexia
- Pesadillas
- Intento de suicidio

IDEOLOGIA DE GÉNERO

EL ABORTO, UNA CUESTIÓN DE ÉTICA

Ante la polémica abortiva, el insano deseo del control de la natalidad no es un problema de reciente cobertura

Platón y Aristóteles mostraron su acuerdo con las prácticas abortivas, por ser un método de evitar la superpoblación. Posteriormente el mismo Aristóteles modificó su criterio acerca del aborto cuando planteó y perfeccionó su filosofía de la ley natural y propuso su prohibición a partir del movimiento del feto en el vientre de la madre.

Los códigos Sumerios-Asirio, y el Hammurabi-Persa así como el pensamiento Judío-Cristiano siempre fue contrario al aborto. En la legislación romana hasta el siglo II, el aborto y el infanticidio eran permitidos. Por eso Herodes mandó a matar a todos los niños de su reino sin preocuparse de la reacción del Imperio Romano: *Cuando Herodes se dio cuenta de que los sabios se habían burlado de él, **se enfureció y mandó matar a todos los niños menores de dos años** en Belén y en sus alrededores, de acuerdo con el tiempo que había averiguado de los sabios.* Mat 2:16

En los comienzos de la expansión del cristianismo en toda la Europa Occidental era contraria al aborto por influencia cristiana. A partir de la segunda guerra mundial, el aborto comenzó a ser aprobado legislativamente; en EE.UU .la Corte Suprema de Justicia, aprobó el aborto el 22 de Enero de 1973 bajo ciertas condiciones, dividiendo la etapa gestación en tres periodos:

IDEOLOGIA DE GÉNERO

1er. Periodo: quienes deciden el aborto es la madre con la autorización del médico. El 2do. Y 3er. Periodo: sólo podía ser realizado bajo permiso del Estado a intermedio de un Juez.

La aprobación abortiva tenía como premisa resguardar la salud de la madre, la misma de clasifica: física, emocional, psicológica familiar y edad de la madre.

Criterio para determinar cuándo hay vida humana

Al legisla el aborto, surge la pregunta: ¿En qué momento se determina que hay vida humana? , ello serviría como parámetro para legislar cuando el aborto se convierte en crimen.

Criterios Fisiológicos:

1. **Ondas cerebrales**: con el examen de ondas encefálico se puede determinar si hay vida o muerte. Basado en la evidencia de que el feto comienza su desarrollo con la formación del cerebro, la misma que generan impulsos eléctricos a partir del tercer mes de gestación, concluían erróneamente que el embrión no era humano.
2. **Viabilidad**: Consideran ser humano al feto a partir del 2do. Trimestre de gestación; porque en esta etapa ya posee sus propias características y reacciones y sobre todo porque a partir del último trimestre puede sobrevivir fuera del claustro materno en una incubadora.
3. **Nacimiento**: Considera ser humano , sólo a partir del nacimiento

IDEOLOGIA DE GÉNERO

4. **Movimiento**: Teoría propuesta por Aristóteles, que considera al feto humano a partir del primer movimiento humano del segundo mes.

Todos estos erráticos criterios a lo largo y ancho de la historia humana se han apropiado de la verdad en discriminación abierta al criterio de la vida y de la ética cristiana que basa como premisa que el único que tiene derecho a dar o quitar la vida es Dios como lo señala la Biblia en Hechos 17:25-26... *él es quien da a todos la vida, el aliento y todas las cosas. De un solo hombre hizo todas las naciones* para que habitaran toda la tierra; y determinó los períodos de su historia y las fronteras de sus territorios.* (NVI)

La filosofía que es la ciencia que busca respuestas más allá de criterios políticos e intereses particularistas, señala que, *No se puede absolutizar una etapa de la vida humana*, como lo han hecho los cuatros principios anteriores.

Las etapas de la vida humana, científicamente comprobada se inicia desde la fecundación hasta la muerte: fecundación, gestación, niñez, juventud, adultez, madurez, vejes y muerte es el proceso de la vida misma.

El concepto de "ser humano" en sus diferentes etapas de la vida, ha sido distorsionado y hasta cierto grado discriminado por la misma sociedad instigado por los activistas desconstructiva de género.

IDEOLOGIA DE GÉNERO

¿Cuál es la diferencia entre Humano y Persona?

Un pensamiento equivoco totalmente difundido con la creencia de que *"se es persona cuando se tiene conciencia, antes sólo se es humano"*. Esta manera de pensar determina que lo humano resultaría ser inferior a persona, lo que es un error de origen porque no se toma en cuenta el proceso de la vida en sí mismo como un <<todo>> del ser humano y no como dos elementos separados por ser incongruente a la vida misma del ser humano.

El principio de la vida se forja a partir del óvulo fecundado donde se forja el principio de la vida que ha de seguir sus procesos hasta la muerte de la persona.

No debe existir diferencia entre ser humano y persona por ser ambos de un mismo elemento al igual que un adulto y su etapa de la niñez, no son separados, son un mismo proceso del ser humano, antes era niño, ahora ése niño es adulto. La Biblia lo explica claramente en 1ra. Corintios 13:11 *Cuando yo era niño, hablaba como niño, pensaba como niño, razonaba como niño; cuando llegué a ser adulto, dejé atrás las cosas de niño.*

El cristiano debe vigilar y defender el conjunto de la vida del ser humano, ya que la naturaleza esta siempre en desarrollo, entre tanto hay vida debe respetarse y defenderse.

IDEOLOGIA DE GÉNERO

La Ética cristiana y el Aborto

Ante la necesidad urgente de establecer un código ético cristiano, fundamentado en la Palabra de Dios como creador de la vida y lo existente, que ponga en equilibrio tantos disparates legislativos; declaramos que científicamente comprobado que el embrión es un ser humano que posee las posibilidades de desarrollarse como tal. El aborto inducido o provocado va en contra de valor absoluto del derecho a la vida y a ser protegido desde su concepción hasta mucho después de su nacimiento, por lo tanto es antiético. El único caso aceptable éticamente es cuando la vida de la madre está en riesgo o peligro de muerte ante un embarazo ectópico en la que no hay posibilidad de vida del feto.

El aborto ha llegado a ser legislado como algo "legal" en muchos países, abriendo la posibilidad de una vida fácil, eludiendo toda responsabilidad sexual y reproductiva para satisfacer placeres sexuales egoísta, ocultando toda clase de promiscuidad y libertinaje sexual en detrimento de un ser indefenso. Se piensa y defiende a capa y espada el aborto como un "derecho de la mujer sobre su cuerpo" pasando por alto el derecho de ese ser humano a nacer.

Hay casos difíciles de atender debido a violaciones e incesto en donde en ocasiones la embarazada es una niña, se requiere de un aborto terapéutico a probadas por la ley en bienestar de la mujer. A la luz de la voluntad de Dios igualmente atenta contra la vida, en tal caso el niño sea dado en adopción.

IDEOLOGIA DE GÉNERO

¿Por qué ese interés insano al aborto?

¡Lo que es claro! El aborto como método de planificación es antiético porque su intención última es reducir la vida acorde a "mi deseo" o "comodidad personal" egoísta, producto de placeres desenfrenado de las pasiones juveniles.

2Ti 2:22 *Huye de las malas pasiones de la juventud, y esmérate en seguir la justicia, la fe, el amor y la paz, junto con los que invocan al Señor con un corazón limpio.*

¿De donde proviene tanto interés porque se apruebe el aborto como un derecho de la mujer?

Detrás de todo esto se esconden intereses farmacéuticos y experimentales, en donde el tejido fetal se usa para tratar ciertas enfermedades como el Parkinson. No conforme con ello, se está utilizando mayormente fetos provenientes de abortos provocados bajo cualquier pretexto "clínico" o concepto ideológico de género para que los investigadores puedan usar en sus experimentos y tratar ciertas enfermedades con "tejido fresco", extraído antes que muera el feto, entre más tardío sea el aborto, mejor son los resultados experimentales.

Existe todo un comercio de muerte alrededor del aborto intencional en donde se mueve mucho dinero para quienes lo practican y promueven, el cual es contrario a la ética de Cristo.

IDEOLOGIA DE GÉNERO

Capítulo V

FALACIAS EN LOS ARGUMENTOS PRO-ABORTISTA

1.- EL ABORTO LEGAL PARA NO ABORTAR

Nuestro lema, así como nuestro trabajo de años es integral: "Educación sexual para decidir, anticonceptivos para no abortar, aborto legal para no morir". Esto implica realizar modificaciones en los sistemas de Educación, Salud y Justicia, y también, por supuesto, profundos cambios culturales.

¿En verdad se creen tamaño falacia?, un proverbio popular que dice: "No hay más ciego que el que no quiere ver, ni más sordo que el que no quiere oír". Si eventualmente se legalizara el aborto, por lógica elemental, se seguiría practicando más aborto con la venia del Estado.

2.- LA MUJER TIENE DERECHO A DECIDIR SOBRE SU CUERPO

"Nos estamos empoderando y reclamando por nuestros derechos. No podemos dejar que otros nos digan qué podemos hacer con nuestros cuerpos y qué no"

Se manipula el aspecto legal en el Derecho para "decidir" el aborto como una decisión personal y única. Esto no es verdad, lo que está en juego es decidir si esa vida humana que se gesta en su vientre tiene derecho a la vida o no. ¿Quién lo decide? ¿La mujer? ¿El estado? ¿Y

IDEOLOGIA DE GÉNERO

qué del varón u esposo, no cuenta su opinión acerca de tener ese hijo? ¿Dónde están sus derechos como padre?

Los abortos clandestinos pocas veces son producto de una violación, su mayor porcentaje se centra en una relación sexual prohibida, clandestina, entre un hombre soltero o casado con una mujer soltera o casada (amantes), que quieren ocultar a simple vista sus pecados, haciendo desaparecer por medio del aborto la evidencia ante su familia y la sociedad de su desliz sexual, el lecho con mancilla es detestable a los ojos de Dios, el diseñador, creador y dueño de la sexualidad humana como lo señala en Hebreos 13:4 *Honroso sea en todos el matrimonio, y el lecho sin mancilla; pero a los fornicarios y a los adúlteros los juzgará Dios.*

La pregunta elemental y lógica es ¿Hay derecho para asesinar a una persona dentro o fuera del vientre de una mujer? ¿Acaso la ley no protege el derecho a la vida por igual? ¿El aborto en todas sus formas y manifestaciones no es una forma de violencia contra nuestro propio cuerpo? ¿Qué dice la Biblia al respecto? En Ose 4:2-3 dice: *Perjurar, mentir, matar, hurtar y adulterar prevalecen, y homicidio tras homicidio se suceden. Por lo cual se enlutará la tierra, y se extenuará todo morador de ella, con las bestias del campo y las aves del cielo; y aun los peces del mar morirán.*

IDEOLOGIA DE GÉNERO

3.- SE VA A SEGUIR ABORTANDO CON O SIN LEY LA CANTIDAD SERÁ LA MISMA

El aborto podrá seguir haciéndose en la clandestinidad, o dentro de la ley. En una clínica clandestina o en un hospital. A las escondidas o abiertamente. Con condiciones de seguridad, asepsia e instrumental adecuados, o en una especie de carnicería para quien no puede darse esos lujos.

Se pide la legalización del aborto bajo la premisa de que el aborto existe y se continuará dándose con o sin aprobación de la Ley abortiva. Bajo este misma óptica, aclaremos que el tráfico humano existe, Carteles mafiosos de las drogas que destruyen vidas existen deberíamos legalizarlos porque con o sin ley se seguirá dando estos problemas sociales. ¡Pero esto no es la solución!

"Nadie tiene derecho a matar una vida", dijo Sabrina Soulier, de 28 años. "El asesinato también existe, pero eso no quiere decir que lo vamos a legalizar". Tus derechos terminan donde empieza los de otro ser humano, a saber del niño desde su concepción.

4.- LOS RICOS ABORTAN, LOS POBRES SE MUEREN

Trabajar por el derecho al aborto en razón de justicia social, es reconocer que en el contexto latinoamericano, sumido en la pobreza y la desigualdad social, son las mujeres pobres quienes sufren o mueren por abortos realizados en clandestinidad, excluidas también de otros

IDEOLOGIA DE GÉNERO

bienes culturales y materiales. La ilegalidad del aborto da lugar a prácticas diferenciadas según la condición socioeconómica de la mujer y a la falta de información. No queremos ni una sola muerta más por abortos clandestino.

La falacia utilizada es evidente, de corte marxista y divisionista, de clases sociales entre ricos y pobres, si Carlos Marx estuviera vivo ya los hubieran denunciado por plagio. No importa si son ricos o pobres, lo importante es que más niños no mueran.

5.- MUEREN MILES DE MUJERES

Desde la recuperación democrática en diciembre de 1983 En Argentina por ejemplo, han muerto más 3000 mujeres al año como consecuencia de abortos inseguros, así se expresa esta gran deuda de la democracia que constituye un gravísimo problema de salud pública. La mayoría de estas mujeres son jóvenes y empobrecidas, mostrando las desigualdades que atraviesa el problema del acceso al aborto cuando una mujer decide que no puede seguir adelante con un embarazo no deseado. Las mujeres tenemos derecho a vivir una vida plena y sin violencia: la prohibición del aborto y la falta de acceso a procedimientos seguros, de calidad y gratuitos constituye una violación a los derechos humanos de las humanas.

Las estadística en Argentina por muerte de abortos clandestinos es apenas 0,14% lo que expresan una exageración mal intencionada de género para producir una falsa alarma social a fin de inducir a las autoridades la aprobación de ley abortiva. De acuerdo con los últimos datos publicados por el Ministerio de Salud de la Nación, en 2016 se murieron por embarazado terminado en aborto 43 mujeres en todo el país. (Dirección de Estadísticas e Informes en Salud (DEIS), Argentina.)

En Chile se efectuó estudios estadísticas durante un período que abarca 50 años (1957-2007), en donde se demostró que la prohibición del aborto en ese país no incrementó la mortalidad materna. La mortalidad materna disminuyó en ese período un 93,7%, un 94% casi. Y la probabilidad de que una mujer muera por aborto hoy en Chile es de 1 en 2 millones.

6.- HAY QUE COMPADECERSE DE LA MUJER Y QUE ABORTE

Cuando una mujer decide que le practiquen un aborto no toma una decisión ni fácil ni banal. Al contrario, la mujer hace una valoración de los pros y los contras que la lleven a tomar o no la decisión. Se enfrenta, aunque no sea consciente, a un miedo latente a sufrir consecuencias por el sentimiento de culpa, el remordimiento o el qué dirán. Mujeres que temen caer en una depresión, padecer ansiedad o cualquier otro trastorno psicológico. Hablan de "compasión" y entre ellas mismas, cuando abortan no están presente para "apoyarlas" ningunas de ellas, cada cual se defienden como puedan para eso les pagan las transnacionales.

7.- ¿Y EN CASO DE VIOLACIÓN?

En el país hay más de 3.600 niñas menores de 15 años que son madres por producto de violación, dato que se tiene que considerar como conservador, ya que la mayoría de casos no son registrados. Las feministas y los LGBTI manipulan la información haciendo uso de la exageración a fin de crear en las mentes de las persona una especie de alarma social que se prende cuando escucha algo alarmante. No es cierto que las miles de niñas menores de edad sean producto de una violación, ¡hay que decir la verdad! Que el mayor porcentaje de embarazo en adolescente se debe a la práctica irresponsable de relaciones sexuales sin compromiso entre adolescentes enamorados. Muchos de ellos influenciado por las novelas con contenido sexual, por la pornografía, presión de amigos, prejuicios en cuanto a mantenerse casto y mayormente por las enseñanzas de género que promueven tales prácticas disfrazados de "sexual y reproductivas".

8.- EL ABORTO LEGAL ES SEGURO

Proponemos despenalizar y legalizar el aborto para que las mujeres que decidan interrumpir un embarazo tengan atención segura y gratuita en los hospitales públicos y obras sociales de todo el país. Se denomina aborto seguro cuando se practica con garantías sanitarias suficientes y con asistencia médica calificada.

Lo cierto es que ¡Ningún aborto es seguro! con o sin médico especialista, legal o ilegal, con dinero o sin dinero, con solo dañar la capa intrauterina, se puede pasar de la mano en la limpieza a los cirujanos provocando una hemorragia produciendo la muerte de la persona, sin considerar la probabilidad de restos del feto

IDEOLOGIA DE GÉNERO

o de la placenta pueden haber sido retenidos dentro del útero y provocar una infección local, es lo que se conoce como aborto incompleto.

La dilatación y legrado (D y L) es un procedimiento que se realiza para raspar y recolectar tejido (endometrio) del interior del útero. La dilatación (D) es un ensanchamiento del cuello uterino para permitir el paso de instrumentos hacia el útero. Legrado (L) es el raspado de las paredes del útero. Toda intervención médica y quirúrgica encierra ciertos peligros, ¡No hay seguridad 100% en ello!, razón por el cual los médicos antes de iniciar el proceso abortivo le hace firmar un documento que les deslinda de toda responsabilidad, ¿si es seguro, porqué la firma?

La defensa del derecho a la vida y no al aborto es una causa justa en razón de su contenido democrático y de justicia social, que busca asegurar el goce de los derechos humanos de las mujeres y los hijos.

¡NO EXISTE ABORTO SEGURO!

Es una falencia usada para engañar e inducir a tales prácticas. De hecho, si es seguro ¿Por qué muchas mujeres siguen muriendo a pesar de las "garantías" sanitarias y asistencia médica calificada? ¿Estarían dispuestos a firmar un documento de responsabilidad en caso de complicación abortiva? ¡claro que no! Porque no es seguro, razón por el cual harán que firmes un documento aceptando los riesgos y librando al médico abortista de complicaciones que pueda producirse en el momento o después de haberse producido el aborto,

IDEOLOGIA DE GÉNERO

¿Qué les parece? De esa forma se protegen de demandas judiciales.

QUIENES ESTAN EN CONTRA DEL ABORTO LEGAL ESTAN A FAVOR DEL ABORTO CLANDESTINO

Aunque sí está permitido que las mujeres víctimas de violación o que enfrentan un embarazo posiblemente mortal puedan abortar. "En la práctica no se respetan esas excepciones y lo que vemos es una prohibición prácticamente total a los abortos", dijo Salil Shetty, secretario general de Amnistía Internacional. Si el problema es porque el hijo es producto de una violación, ¡que se castigue al violador y no al no nacido! Si la madre por razones psíquicas y salud no desea a este niño, que lo entregue a un orfanatorio. Mientras existan madres que no desean tener a sus hijos por razones diversa, otras en cambio no están en capacidad de gestar un hijo en su vientre y ¡desean tener un hijo! La adopción le brinda la oportunidad de tener, educar, proteger y darle una oportunidad de vida a ese niño y verse realizada como mujer, madre y esposa, como está escrito en el Salmo 8:2 *De la boca de los niños y de los que maman, fundaste la fortaleza, A causa de tus enemigos, Para hacer callar al enemigo y al vengativo.*

IDEOLOGIA DE GÉNERO

Capítulo VI

LA BIBLIA LGBTI

La Biblia GLBTI llamada "Queen James" (La Reina Jaime) es una Biblia adaptada al sentir interpretativo homosexual, copia modificada de la versión original en inglés de la Biblia KING JAMES, nombre que se dio a la Biblia Inglesa en honor a Jacobo Carlos Estuardo (en inglés James VI o Rey James de Escocia, I de Inglaterra, a inicios del siglo XVII.) La Biblia del Rey James (King James), es una traducción oficial de la Biblia de la iglesia anglicana, de la versión en griego.

Los editores de The Queen James Bible, afirman, toma su nombre por la supuesta "fama homosexual" que el rey James tuvo en vida, los "muchos amantes" hombres que tuvo y por lo cual ya en su época se le adjudicó dicho mote, "Queen James". Afirman que "Hemos editado la Biblia para prevenir interpretaciones homofóbicas". De esta manera, resolver la ambigüedad interpretativa referente a la homosexualidad, que dicho de paso, viola los derechos de los gays, por venir casi siempre acompañada de la creencia de que la Biblia dice que la homosexualidad es un pecado. De esta manera, la "biblia de Queen James" anuncia que corrige algunos pasajes que en su "opinión llevan a la discriminación" con los miembros del colectivo LGTB, y quiere así convertirse en una referencia para aquellas personas de esta agrupación que se consideran creyentes, para que tengan una biblia que se adapte a su forma de pensar y favorable a la práctica de su orientación sexual.

IDEOLOGIA DE GÉNERO

Whitehead enfatiza que la Biblia es un "texto extraordinario" y que su proyecto no es "un argumento en contra de alguna religión". Está más bien trabajando "en la poesía, el lenguaje, la técnica narrativa, el mito, y el misterio de la Biblia para determinar cómo puede funcionar en el contexto de la teoría queer, la política progresiva, y la estética de la poesía contemporánea". Tampoco va a cambiar el significado del texto, sino sencillamente mostrarlo de una manera queer y mágica.

La "biblia de Queen James", como era de esperarse, sigue un patrón de desconstrucción social y religioso, iniciada con el uso indiscriminado de sofismas, Falacias, y prejuicios con el uso cansón y machacona de vocabulario expresivos como "odio homofóbico", "discriminación", "sexismo", "misoginia", "heterosexismo", "la Biblia como herramienta de opresión queer", para justificar lo injustificable en manipulación las Sagradas Escrituras, continuando en las Escuelas con lavados de cerebro, en los hogares "divide y vencerás", hacen del hombre enemigo eterno e irreconciliable de la mujer para destruir el matrimonio original y promover el matrimonio gay, llegando a última instancia al cristianismo y la Biblia por ser el reducto de sostén y soporte de los valores morales sociales, matrimoniales. Sus perversas y malévolas intenciones quedan descubiertas cuando sus autores se esconden bajo un manto de anonimato. No se sabe quiénes fueron "los eruditos de Grecia" que la hicieron, típico de aquellos.

IDEOLOGIA DE GÉNERO

La titularidad del nombre de dominio del sitio web está oculta y como si fuera poco el libro no está registrado en la Biblioteca del Congreso. Este proceder antibíblico es típico de esta secta, de corromper el sentido real de la Palabra de Dios como en muchos otros casos en las cuales "tiran la piedra y esconder la mano".

Los "desconocidos" editores de la Queen James han defendido su traducción en la página oficial de la Biblia escribiendo que, "La homosexualidad fue primeramente mencionada en las traducciones bíblicas en inglés en la New Revised Standard Version (1946). Antes de esto, no hay mención o referencia a la homosexualidad en ninguna otra traducción bíblica en inglés".

En respuesta, es necesario resaltar que la versión de los 70 que tradujeron de los textos originales Hebreos al idioma griego, eran personas eruditos judíos, cuya erudición fue ampliamente reconocida por el emperador Romano y no cualquier mequetrefe que interpreta como cree que debe ser interpretado, sin ninguna noción lingüística del idioma original y lenguaje gramatical en que fueron escritos las Sagradas Escrituras. Hasta los copistas para tan sólo copiar la Biblia eran eruditos versados en las Escrituras, tomando siempre como referencia interpretativa de los textos el sentido gramatical, histórico, literal, su traducción e interpretación a veces se lograba después de 10 años de investigación y verificación. Jamás se les hubiera ocurrido hacer una traducción o una interpretación antojadiza y poco profesional de los textos de la Tora, el Ketubin y Neviin (la Ley y los Profetas), cosa que

IDEOLOGIA DE GÉNERO

irónicamente, los grupos GLBTI camuflados en el feminismo radical extremista, sin saber siquiera arameo o alguna noción del hebreo o posiblemente del griego, realizan traducciones interpretativas antojadizas y blasfemas.

La palabra "homosexual" es un término ampliamente difundida en nuestra cultura occidental e idiomática, pero totalmente desconocida en el original del texto Hebreo Bíblico en razón de su uso directo en la composición gramatical e implícita prohibición de relaciones sexuales con personas del mismo sexo descrito en Levítico 18:22 *No te acostarás con varón como con mujer; es abominación. (La Tora o Biblia Hebrea)* y en Levítico 18:22 dice: Y *con hombre no dormirás como se duerme con mujer; porque abominación es.* (Versión Septuaginta al español)

Pocas traducciones bíblicas emplean la palabra moderna 'homosexual' u 'homosexualidad'. Pero la historia de la traducción bíblica demuestra que otras versiones han utilizado otros vocablos por cuestión idiomático, contextualizando los textos Bíblicos a su idioma natal, previos estudios de traducción del arameo, hebreo y griego para referirse a lo que hoy día llamaríamos relaciones homosexuales. Traductores eruditos que como Casiodoro de Reina que tradujeron al español del latín y del griego la traducción de la Biblia del Oso en 1569.

Rom 1:27 *Y asimismo, los varones, dejado el uso natural de la mujer, se encendieron en sus*

IDEOLOGIA DE GÉNERO

concupiscencias los unos con los otros, cometiendo torpezas varones con varones, y recibiendo en sí mismos la recompensa de su error que convino.

(Reina de Valera 1865)

A pesar de ello, Pasajes Bíblicos que censuran la práctica gay tales como Génesis 19:15, Levítico 18:22, 20:13, Romanos 1:27, 1 Corintios 6:9-10, 1 Timoteo 1:10 y Judas 1:7 han sido minuciosamente reeditado sin ningún tipo de cotejo, preparación teológica o conocimiento lingüístico e histórico de traducciones textuales originales como los Rollos del Mar Muerto en el Qumrán con 972 Manuscrito que cuentan con más de 2000 años de antigüedad.

El sólo propósito de no ofender a la comunidad LBGT y de justificar las relaciones homosexuales como una práctica supuestamente aprobada por Dios ha llevado a esto grupos alterar el sentido de la Biblia. De ello se deduce que la Biblia "Queen James", no es digna de ser tomada en cuenta por ser una perversión de la Sagradas Escrituras, por las siguientes razones:

1. No es inspirada por Dios
2. Sus intérpretes son personajes descalificados en Lingüística y moral.
3. Justifica la falsedad y el pecado humano.
4. Es un insulto a la creación del Padre.
5. Pisotea la sangre de Jesucristo.
6. Niega el Espíritu de santidad.
7. La "Queen James Bible" (QJB), cambia el Sentido original adaptado al gusto queer.

IDEOLOGIA DE GÉNERO

8. Las Escrituras advierten sobre la manipulación Mal intencionado de las Sagradas Escrituras en Apocalipsis 22:18,19 *Yo testifico a todo aquel que oye las palabras de la profecía de este libro: Si alguno añadiere a estas cosas, Dios traerá sobre él las plagas que están escritas en este libro. Y si alguno quitare de las palabras del libro de esta profecía, Dios quitará su parte del libro de la vida, y de la santa ciudad y de las cosas que están escritas en este libro.*

Textos alterados de las Escrituras

1ER.- CASO INTERPRETATIVO

LEVÍTICO 18:22

Biblia

Texto en hebreo: VAIKRA: 18:22

הִוא תּוֹעֵבָה אִשָּׁה מִשְׁכְּבֵי תִשְׁכַּב לֹא וְאֶת־זָכָר

Transliteración al castellano:

22 No te echarás con varón como con mujer; es abominación.

Version King James:

22 Thou shalt not lie with mankind, as with womankind: it is abomination.

Versión The Queen James Bible

22. Thou shalt not lie with mankind as with womankind in the temple of Molech: it is an abobination.

Transliteración al castellano

IDEOLOGIA DE GÉNERO

22. No te echarás con varón como con una mujer en el templo de Molech: es una abominación.

2DO.-CASO INTERPRETATIVO

1CORINTIOS 6:9,10

Texto griego:

Ἢ οὐκ οἴδατε ὅτι ἄδικοι θεοῦ βασιλείαν οὐ κληρονομήσουσιν; μὴ πλανᾶσθε· οὔτε πόρνοι οὔτεεἰδωλολάτραι οὔτε μοιχοὶ οὔτε μαλακοὶ οὔτε ἀρσενοκοῖται οὔτε κλέπται οὔτε πλεονέκται, οὐ μέθυσοι, οὐ λοίδοροι, οὐχ ἅρπαγες βασιλείαν θεοῦ κληρονομήσουσιν;

Transliteración al castellano:

¿No sabéis que los injustos no heredarán el reino de Dios? No os engañéis: Ni los fornicarios, ni los idólatras, ni los adúlteros, ni los afeminados, ni los que se echan con varones,

King James Bible:

Know ye not that the unrighteous shall not inherit the kingdom of God? Be not deceived: neither fornicators, nor idolaters, nor adulterers, nor effeminate, nor abusers of themselves with mankind, Nor thieves, nor covetous, nor drunkards, nor revilers, nor extortioners, shall inherit the kingdom of God.

Versión The Queen James Bible

9. Know ye not that the unrighteous shall not inherit the kingdom of God? Be not deceived: neither fornicator, nor idolaters, nor adulterers, nor morally weak, nor promiscuous,(Page 554)

IDEOLOGIA DE GÉNERO

10. Nor thieves, nor covetous, nor drunkards, nor revilers, nor extortioners, shall inherit the kingdom of God. (Page 554)

Transliteración al castellano:

¿No sabéis que los injustos no heredarán el reino de Dios? No erréis; ni los fornicarios, ni los idólatras, ni los adúlteros, ni los débiles moralmente, ni los promiscuos, ni los ladrones, ni los avaros, ni los borrachos, ni los maldicientes, ni los estafadores, heredarán el reino de Dios.

3ER.- CASO INTERPRETATIVO

1ra Timoteo 1:10   Texto griego:

πόρνοις ἀρσενοκοίταις ἀνδραποδισταῖς ψεύσταις ἐπιόρκοις, καὶ εἴ τι ἕτερον τῇ ὑγιαινούσῃδιδασκαλίᾳ ἀντίκειται

Transliteración al español: Reyna Valera 1909

Para los fornicarios, para los sodomitas, para los ladrones de hombres, para los mentirosos y ladrones de hombres, para los mentirosos y perjuros, y si hay alguna otra cosa contraria a la sana doctrina;

King James Versión

10. For whoremongers, for them that defile themselves with mankind, for menstealers, for liars, for perjured persons, and if there be any other thing that is contrary to sound doctrine

Versión The Queen James Bible.

10. For whoremongers, for them that defile themselves with mankind, for menstealers, for liars, forperjured persons, and if there be any other thing that is contrary to sound doctrine;

Transliteración al castellano

10 Para los fornicarios, para los que se contaminan a sí mismos, para los secuestradores, para los mentirosos y perjuros, y si hay alguna otra cosa contraria a la sana doctrina

INTERPRETACIÓN TEXTUAL BIBLICO

(1 Samuel 18:1-2) Aconteció que cuando él hubo acabado de hablar con Saúl, el alma de Jonatán quedó ligada con la de David, y lo amó Jonatán como a sí mismo. Y Saúl le tomó aquel día, y no le dejó volver.

¿Existe justificativo algún para afirmar que el Rey David era Gay?

La realidad es que el hombre siempre ha tratado de justificar su pecado de alguna manera, negando la soberanía de Dios en sus vidas, no en vano las Escritura afirman en Ro.1:26 "Por esto Dios los entregó a pasiones vergonzosas; pues aun sus mujeres cambiaron el uso natural por el que es contra naturaleza, y de igual modo también los hombres, dejando el uso natural de la mujer, se encendieron en su lascivia unos con otros, cometiendo hechos vergonzosos hombres con hombres, y recibiendo en sí mismos la retribución debida a su extravío".

IDEOLOGIA DE GÉNERO

El amor que Jonatán profesa a David no es de tipo carnal u homosexual como así lo reinterpreta el Lobby homosexual a quienes denominaron como "Santos Queer" del santoral LGBTI lo cual constituye una blasfemia e infamia a la inspiración divina de la Biblia.

El texto en sí., hace referencia a una amistad profunda, ligada en el alma (no en la carne), nacido del corazón como así lo testifica su hijo Salomón en Proverbios 18:24 El hombre que tiene amigos ha de mostrarse amigo; Y amigo hay más unido que un hermano. En alusión a la fuerte amistad que Salomón vio en su padre David. Este hecho queda evidenciado en el pacto de amistad entre ellos dos, en la que Jonatán le transfiere a David sus ropas militares y sus armas, tradición general en la antigüedad entre buenos amigos, práctica que tambien aparece entre los celtas.

1Sa 18:4 *Y Jonatán se quitó el manto que llevaba, y se lo dio a David, y otras ropas suyas, hasta su espada, su arco y su talabarte*

Un grabado por el artista alemán Philipp Heinrich Müller del siglo XVIII, conocido como la "Medalla de la Amistad", describe el sentir de la promesa de Jonatán a David: "Voy a hacer contigo lo que tu corazón desee" ("Ich will an dir tun, was dein Herz begehrt") a partir del texto de 1 Samuel 20:4 donde se refuerza la amistad sicera.

Hay que tener en consideración que Dios aborrece toda práctica homosexual o contranatura, si ése fuera el caso de David y Jonatán, las Sagradas Escrituras lo hubieran

IDEOLOGIA DE GÉNERO

denunciado como tal, característica propia de la inspiración Escritural como ocurrió con el pecado de adulterio de David con Betzabet mujer de Urías Heteo.

La realidad Bíblica e histórica es otra, no hay reproche o evidencia alguna que sugiera tal perversión porque era un pacto de amistad y la Ley de Moisés en la Tora Levítico 18: 22 prohíbe tajantemente toda relación homosexual e incluso con la pena de muerte en Levítico 18:29 *No te echarás con varón como con mujer; es abominación. Porque cualquiera que hiciere alguna de todas estas abominaciones, las personas que las hicieren serán cortadas de entre su pueblo.*

Y la Biblia afirma que David era como el corazón de Dios.

Al contextualizar este pasaje Bíblico de la Versión de los Setenta (traducción del hebreo al griego, verificamos la construcción gramatical del idioma grecoparlante de la época que nos enseña varios tipos de amor:

1. Amor Ágape (el amor de Dios, y el de sus hijos)
2. Amor Filios (el amor fraternal o hacia los hijos y hermanos)
3. Amor Eros (amor de pareja, sexual)

Al realizar el respectivo cotejo analítico, morfológico y de la gramática estructural del texto griego Koiné podemos verificar que efectivamente el amor entre David y Jonatán era un amor filios, fraternal y no eros, como se pretende hacer creer , sin ninguna base idiomática y teológica de los textos originales, como una "relación homosexual", por el simple capricho de traducirlo a su manera y conveniencia, ajustándolo al sentido del lobby homosexual para justificar sus desvaríos, y no como está escrito en el original griego Koiné de la biblia, que indica a todas luces en Tito 1:15-16 *Todas las cosas son puras para los puros, más para los corrompidos e incrédulos nada les es puro; pues hasta su mente y su conciencia están corrompidas. Profesan conocer a Dios, pero con los hechos lo niegan, siendo abominables y rebeldes, reprobados en cuanto a toda buena obra.*

Otro texto a tomar en cuenta.

«Angustia tengo por ti, hermano mío Jonatán, que me fuiste muy dulce, más maravilloso me fue tu amor que el amor de las mujeres» (2 Samuel 1:26).

Jonatán le mostró a David su apoyo desinteresado a un nivel que rara vez vemos. Aun cuando estaba en la posición de ser el próximo rey de Israel, gentilmente dejó de lado sus aspiraciones personales y ni siquiera una vez cuestionó que Dios hubiera elegido a David para suceder a su padre como rey.

El rey y su noble hijo eran el ornamento de Israel habían perecido en batalla en los altos del monte Gilboa, sumiendo en gran dolor y tristeza a todo Israel y David no es la excepción a la regla.

David pagó tributo a esta cualidad generosa y bondadosa cuando dijo que el amor de Jonatán por él fue «más maravilloso que el amor de las mujeres». Debemos

IDEOLOGIA DE GÉNERO

entender dentro del contexto Bíblico que David no estaba implicando relación sexual alguna. No dijo que el amor de Jonatán era más grande que su amor por las mujeres (considerando que David tuvo 300 esposas). Al decir que era más grande que el amor de las mujeres, estaba declarando que el amor de hermano o de amistad sincera y desinteresada mostrado por Jonatán era tan extraordinario, que excedía el tipo de amor sacrificatorio que se sabe que las mujeres manifiestan hacia sus familias o seres queridos. La comparación del amor de las mujeres expresa el profundo sentir entre dos amigos que fueron como hermanos, como así lo indica el contexto Bíblico en 2da.Samuel 1:25-27 *!Cómo han caído los valientes en medio de la batalla! ! Jonatán, muerto en tus alturas! Angustia tengo por ti, hermano mío Jonatán, Que me fuiste muy dulce. Más maravilloso me fue tu amor. Que el amor de las mujeres.*

!!Cómo han caído los valientes, Han perecido las armas de guerra!

Otro elemento clave a tomar en cuenta es que Ambos hombres estaban casados y tenían hijos. De hecho, David estaba casado con la hermana de Jonatán, Milca (1 Samuel 18:20-27). Sin embargo, se han insertado caprichosamente una relación homosexual en 2 Samuel 1:26 que no existe. También han hecho la falsa presunción de que amor es igual a relaciones sexuales.

La relación entre David y Jonatán demuestra que dos hombres pueden formar profundos lazos de amor sin

IDEOLOGIA DE GÉNERO

siquiera pensar en el erotismo, esto lo deja en claro la Palabra de Dios en 1 Corintios 13:1-13 que dice:

Si yo hablase lenguas humanas y angélicas, y no tengo amor, vengo a ser como metal que resuena, o címbalo que retiñe. Y si tuviese profecía, y entendiese todos los misterios y toda ciencia, y si tuviese toda la fe, de tal manera que trasladase los montes, y no tengo amor, nada soy. Y si repartiese todos mis bienes para dar de comer a los pobres, y si entregase mi cuerpo para ser quemado, y no tengo amor, de nada me sirve.

El amor es sufrido, es benigno; el amor no tiene envidia, el amor no es jactancioso, no se envanece; no hace nada indebido, no busca lo suyo, no se irrita, no guarda rencor; no se goza de la injusticia, más se goza de la verdad. Todo lo sufre, todo lo cree, todo lo espera, todo lo soporta. El amor nunca deja de ser; pero las profecías se acabarán, y cesarán las lenguas, y la ciencia acabará. Porque en parte conocemos, y en parte profetizamos; más cuando venga lo perfecto, entonces lo que es en parte se acabará.

Cuando yo era niño, hablaba como niño, pensaba como niño, juzgaba como niño; mas cuando ya fui hombre, dejé lo que era de niño. Ahora vemos por espejo, oscuramente; mas entonces veremos cara a cara. Ahora conozco en parte; pero entonces conoceré como fui conocido.
Y ahora permanecen la fe, la esperanza y el amor, estos tres; pero el mayor de ellos es el amor.

IDEOLOGIA DE GÉNERO

Capítulo VII
PREJUICIOS SOSTENIDOS POR LA IDEOLOGIA DE GÉNERO

La Violencia intrafamiliar es unidireccional.

Expresan que <<*En las relaciones de pareja la violencia es siempre ejercida por el hombre contra la mujer, nunca al revés. Dicha violencia es, por tanto unidireccional; esto es, el hombre es siempre el agresor y maltratador, mientras que la mujer es siempre la victima*>>

Afirmar que todos los hombres son machistas, maltratadores y asesinos por naturaleza es generalizar una mentira, y negar que la mujer nunca ejerza violencia contra el hombre es ocultar la realidad de los hechos.

Estudios internacionales e Investigación realizadas permitieron la elaboración de un informe veraz y concluyente en la que 254 estudios confirman que los hombres sufren mayor número de victimización por violencia física total o leve y por violencia física grave un 98 estudios que las propias mujeres con 102 estudios, y por violencia física grave en 44 estudios.

Más de 400 estudios científicos de muchos países del mundo han demostrado lo que la violencia no es una cuestión de géneros sino de personas (*Análisis comparativo de una recopilación de estudios internacionales*)

IDEOLOGIA DE GÉNERO

Desde 1975, año en que se llevó a cabo la primera gran encuesta nacional sobre violencia doméstica en los Estados Unidos, el número de estudios similares realizados en todo el mundo no ha dejado de crecer. Actualmente, varios cientos de estudios empíricos demuestran de modo concluyente:

A)   que hombres y mujeres ejercen la violencia de pareja en proporciones similares; y

B) que, estadísticamente, la mujer es la principal iniciadora de las agresiones físicas en la pareja, y es falso que la violencia femenina sea exclusivamente de autodefensa.

Ese corpus mundial de estudios sobre violencia en la pareja debería ser el fundamento estadísticamente correcto de las políticas y legislaciones sobre violencia doméstica...si no estuviese permanentemente excluido de ellas por resultar políticamente incorrecto y contrario a los prejuicios ideológicos vigentes.

En 500 estudios sobre violencia de parejas heterosexuales arrojan como resultado los siguientes datos:

•   Que los hombres sufren mayores niveles de victimización por violencia física total o leve en 254 estudios y por violencia física grave en 98 estudios;

•   las mujeres sufren mayores niveles de victimización por violencia física total o leve en 102 estudios y por violencia física grave en 44 estudios; y

IDEOLOGIA DE GÉNERO

- Se registran tasas similares para ambos sexos por violencia física total o leve en 137 estudios y por violencia física grave en 44 estudios.

Resultados globales de 107 estudios concluyentes sobre la iniciación y reciprocidad de las agresiones físicas por sexos:

☐ 77 estudios registran mayores niveles de perpetración de violencia física no recíproca o iniciación de las agresiones físicas por las mujeres;

☐ 18 estudios registran mayores niveles de perpetración de violencia física no recíproca o iniciación de las agresiones físicas por los hombres; y

☐ 12 estudios registran niveles similares de violencia física no recíproca o iniciación de las agresiones físicas para ambos sexos.

La mujer sufre discriminación laboral y social.

<<La mujer sigue sufriendo la discriminación machista, especialmente en lo que atañe al mundo laboral. La mujer gana menos que el hombre haciendo lo mismo, hasta un 25% menos>>

Decir la verdad a medias es característico de la ideología de género. Lo que no dice, es que este dato es tomado del conjunto de mujeres laborales , que no toma en cuenta la diversidad de salarios proporcionales al tipo de oficio o labor que ejercen las mujeres, no teniendo en consideración la antigüedad en el puesto, la reducción de las horas laborables en la que menos horas trabaja menos gana, bajas maternales, la edad, tipo de trabajo, horas extras en la que más trabaja más gana, cargo laboral que

IDEOLOGIA DE GÉNERO

ostenta, cuyo sueldo no es la misma para una mujer de gerencia empresarial que para una mujer de mantenimiento o limpieza.

La pregunta básica seria si una mujer solicita trabajar menos horas, entre tanto que otra trabaja sus horas completa ¿deberían ganar ellas dos por igual el mismo salario laboral? ¿No sería esto injusto? Ante una entrevista al Ministro de trabajo acerca de la diferencia de sueldo entre hombres y mujeres expresó:

<< *La diferencia se debe al puesto que ocupa el hombre en relación a la mujer, a que haya diferencia de sueldo distinto por un mismo trabajo. Por un mismo trabajo hombres y mujeres perciben un mismo salario, el problema radica en que los hombres ocupan los puestos mejor pagados y de mayor responsabilidad*>>.

En cuanto a la supuesta discriminación social de la mujer, ¿acaso los diferentes eventos en Favor de la mujer a nivel internacional no lo dice todo?

A. Día internacional contra la Mutilación del Genital Femenino, celebra cada 6 de Febrero de cada año.
B. Día internacional de la Mujer Trabajadora, 8 de Marzo-
C. Día internacional contra la Explotación Sexual y el Tráfico de Mujeres, Niñas y Niños, 23 de Septiembre
D. Día de la despenalización del aborto, 28 de Septiembre.
E. Día internacional de las Mujeres Rurales, 15 de Octubre.
F. Día Mundial de la Menopausia, 18 de Octubre.

IDEOLOGIA DE GÉNERO

G.   Día contra el cáncer de mamas, 19 de Octubre.
H.   Día internacional de la Mujer Emprendedora, 19 de Noviembre.
I.   Día internacional de la Eliminación de la Violencia contra la Mujer, 25 de Noviembre
¿Qué eventos se celebra en favor del hombre?, si esto no es discriminación social del hombre, entonces ¿Qué es?
A.   Día Mundial del Cáncer de Próstata, 11 de Junio.
B.   Día internacional del hombre, 19 de Noviembre.

En cuanto a la famosa discriminación social de la mujer, han olvidado de aquellas seis mujeres que en Enero de 1978, la NASA las seleccionó para sus misiones espaciales, las afortunadas fueron: Margaret Seddon, Kathryn Sullivan, Judith Resnick, Sally Ride, Anna Fisher y Shannon Lucid.

En el Ecuador sin necesidad de ideología de género tiene a una Ambateña de 28 años como asambleísta de nombre Ana Galarza, tambien a Mae Montaño de Esmeraldas y asambleísta por el partido CREO, Marcela Aguiñaga abogada, fue Ministra del Ambiente y actualmente Asambleísta, Gabriela Rivadeneira Concejala y Vicealcaldesa y presidenta del Legislativo a sus 29 años de edad, María Fernanda Espinoza actual canciller y para muestra basta un botón, María Alejandra Vicuña actual Vicepresidenta de la República del Ecuador. Y que más decir, Cynthia Viteri, Cristina Reyes, María Paula Romo, Wilma Andrade, Lourdes Tibán, Encarnación Duchi, Mery Zamora, Natasha Rojas, todas ellas Asambleístas y con un sueldo diferente al común de las mujeres en las diferentes áreas laborales. Todas ellas comparten un

IDEOLOGIA DE GÉNERO

común denominador: son esposas con un rol definido que les permite desenvolverse en el ámbito político, un rol en la familia donde se es esposa y madre a la vez, por último el rol de madre caracterizado por el afecto filial, transmisión de valores y educación de la prole. Si estos roles son producto de la construcción social, ¡están bien construido! ¡Porque funciona!, decir y hacer lo contrario es el caos, el desorden y desequilibrio que impide sostenerse firmes en la sociedad.

Hombre y mujer son roles. La diferencia entre hombres y mujeres son producto de la cultura.

Contrario a este falso concepto, el hombre y la mujer son producto de la creación de Dios, quien los hizo iguales en dignidad, derechos y a cada uno de ellos les dio roles de responsabilidad acorde a su sexo, en la que la mujer fue tomada de la costilla del hombre para ser amada, protegida, y la mujer estar cerca del corazón del hombre para ser su apoyo emocional, psicológico, familiar y ayuda idónea.

La mujer por naturaleza suele ser más cariñosa, sensibles, delicada, detallista, atenta, mas detallista, más abierta e impulsiva, le cuesta olvidar una ofensa, mayor aguante al dolor, comparte sus sentimientos, predominio del instinto, sabe interpretar el lenguaje no verbal, siente atracción sobre el hombre, es romántica, apasionada, idealista, etc.

El hombre por el contrario, es fortaleza física, frialdad, reservado, le cuesta expresar sus sentimientos y emociones, realista, es más lógico, se mueve por razonamiento, poco proclive a los detalles, olvida con más facilidad una ofensa, siente atracción por la mujer, es más simple y decidido, etc.

Las mujeres gozan de una cantidad considerable de libertades que no tenían hace treinta o cuarenta años, y no gracias al feminismo radical, estas libertades son visibles en diversas áreas de la vida social; por ejemplo, cursan estudios universitarios y son profesionales, tienen trabajos remunerados conforme a su trabajo especializado, utilizan métodos anticonceptivos y regulan la cantidad de hijas e hijos que tienen, eligen libremente a su pareja, etc. De los varones, en cambio, se pode decir que ya no son los únicos proveedores de las familias, que comparten cada vez más espacios privados, anteriormente considerados como "femeninos, colaboran con mayor frecuencia con las tareas domésticas, en la crianza y en el cuidado de los hijos. Estas actividades y expresiones se asocian con los denominados roles de género que desempeñan las personas y nos permiten desenvolvernos en la relación de parejas y en la sociedad, consecuentemente no es producto de ninguna construcción social, si no la obra majestuosa del creador asignada a las personas según sus sexo como está en Efesios 5:28 Así mismo el esposo debe amar a su esposa como a su propio cuerpo. El que ama a su esposa se ama a sí mismo.

La Biblia enseña en 1ra. Corintios 7:3-5 que *El hombre debe cumplir su deber conyugal con su esposa, e igualmente la mujer con su esposo. La mujer ya no tiene derecho sobre su propio cuerpo, sino su esposo.*

IDEOLOGIA DE GÉNERO

Tampoco el hombre tiene derecho sobre su propio cuerpo, sino su esposa. No se nieguen el uno al otro, a no ser de común acuerdo, y sólo por un tiempo, para dedicarse a la oración. No tarden en volver a unirse nuevamente; de lo contrario, pueden caer en tentación de Satanás, por falta de dominio propio.

El hombre es violento y maltratador por naturaleza.

La Policía Española detuvo a una mujer de origen dominicano como presunta autora de la muerte de Gabriel Cruz, un niño de ocho años, desaparecido hace doce días en una localidad del sur de España(12/03/2018 - 00:20h),esta noticia recorrió y sacudió el mundo en internet por la saña del crimen contra un ser indefenso.

Las mujeres matan menos, pero son más sutiles y calculadoras. Planifican cuidadosamente los detalles de sus crímenes y prefieren no usar la violencia. Es falso aseverar que el hombre es el único maltratador por excelencia a quien se le ha catalogado con el mote "odiadores de mujeres", cuando la realidad es otra. Las mujeres maltratadoras existen y son tan peligrosas como los hombres. A pesar de las apariencias que existe y la tipificación penal de la violencia de género del hombre hacia la mujer sin embargo, ocurre a la inversa, las mujeres y los hombres poseen una cuota de agresividad y crueldad muy similares. Que todos conocemos como grave problema del maltrato físico o emocional que muchos hombres infligen a sus mujeres. Pero hay también otra plaga, no menos extendida, que es la violencia emocional o física de muchas mujeres contra sus parejas masculinas.

La conducta de estas mujeres es siempre la misma: culpan de forma exclusiva, continua y desproporcionada a sus parejas masculinas de los problemas inherentes a toda convivencia, presentándose ellas mismas como las víctimas ajenas e inocentes de todo. No hay diálogo, no hay autocrítica, no hay afecto, no hay disculpas; la percepción de la mujer es siempre inequívoca y furiosa: "¡es por tu culpa!, ¡eres un egoísta!, ¡eres un inútil!, ¡eres un idiota!, ¡eres un desagradecido¡, ¡eres un hp...! Y desfoga inagotablemente contra él toda su rabia y su desprecio.

Ante semejante situación, muchos hombres buscarán consciente o inconscientemente "el amor y el sexo" como refugio en otra parte, es decir, tenderán a ser infieles. Cuando son finalmente descubiertos (lo que suele ocurrir, a menudo porque ellos mismos buscan inconscientemente el castigo que creen merecer), la brutalidad más absoluta caerá sobre ellos.

La esposa engañada, dolida, resentida, fuera de sí, gritará: "¡ya lo sabía yo!, ¡eres un canalla!, ¡todos los hombres sois iguales!, ¿quién es esa p...?, ¡ella se va a enterar!", etc... Y escenificará todo tipo de escándalos privados y públicos, manipulará y se entrometerá en las vidas de terceros, etc.

La exageración de su respuesta dependerá también de su educación y de su entorno familiar y sociocultural, explicó el Psicoterapeuta José Luis Cano Gil. A causa

IDEOLOGIA DE GÉNERO

de la caída del hombre el ser humano (hombre y mujer), por naturaleza su corazón es malo desde su juventud, no es un problema sólo de hombres o de mujeres, es un problema generalizado.

La maldad y pecado es una realidad vívida como está escrito en Génesis 3:16   Gén 3:16 *A la mujer dijo: Multiplicaré en gran manera los dolores en tus preñeces; con dolor darás a luz los hijos; y tu deseo será para tu marido, y él se enseñoreará de ti.*

Muchos hombres se enseñorean maliciosamente de la mujer, las maltratan, y no las aman, pero no son "todos", cuando Dios entra al corazón humano y lo transforma ése menosprecio se convierte en amor, respeto hacia la mujer y viceversa en que en el matrimonio se considerara amiga, compañera y hermana en la fe como así lo enseña las Sagradas Escrituras en 1ra. Pedro 3:7 que dice: *Vosotros, maridos, igualmente, vivid con ellas sabiamente, dando honor a la mujer como a vaso más frágil, y como a coherederas de la gracia de la vida, para que vuestras oraciones no tengan estorbo.*

Hay hombres como mujeres piadosas, como tambien hay hombres y mujeres agresivas. Hay familias y mujeres agradecidas a Dios por tener como esposo a un buen hombre que ama a su familia y se preocupa de su salud física y sicológica, el consejo Bíblico es *Por lo demás, cada uno de vosotros ame también a su mujer como a sí mismo; y la mujer respete a su marido* (Efe 5:33)

IDEOLOGIA DE GÉNERO

La mujer es oprimida y dominada por el hombre

La realidad de fondo es que no existen mujeres oprimidas por el hombre como se generaliza y quieren hacer creer. Excepto por el hecho de hombres quienes, a veces pegan a las mujeres o las obligan a prostituirse, esto es condenable desde cualquier punto de vista, pero no son todos los hombres y no todas las mujeres están en esa clase de opresión mafiosa como afirman.

La mujer ejerce inevitablemente influencia profunda en la cultura y la sociedad—para bien o para mal, prueba de ello es que en el mundo han existido mujeres que han dominado la historia universal influyendo y utilizando en algunos casos a los hombres como sus instrumentos, como avala la historia, con el caso de del Emperador romano Marco Antonio quien cayó bajo el hechizo de la seducción de Cleopatra reina de Egipto y por poco, proclamada emperadora romana. En Inglaterra la reina Isabel de York esposa de rey Enrique VII, Catalina de Aragón, Ana Bolena, Juana Seymour entre otras reinas que dominaron el mundo en sus tiempos.

Es conocido el sabio refrán popular que dicen; "la mujer detrás del trono", "Detrás de un gran hombre hay una gran mujer", "La mujer son las manos que mecen la cuna del poder", el feminismo radical extremo ha volcado la cuna, arrojando al bebé al suelo del cuarto, ha golpeado al padre en el rostro, y ha salido de la casa frunciendo el ceño. Las luchas de poderes no es patente feminista ni del machismo, es un problema social generalizado del mal existente en el corazón humano, que por naturaleza

IDEOLOGIA DE GÉNERO

es malo desde su juventud y afecta por igual a hombres y mujeres degradando el rol de la mujer y la masculinidad del hombre como está Escrito en Génesis 6:5 *Y vio Jehová que la maldad de los hombres era mucha en la tierra, y que todo designio de los pensamientos del corazón de ellos era de continuo solamente el mal.*

En Proverbios 6:18 *El corazón que maquina pensamientos inicuos, Los pies presurosos para correr al mal...*

La solución a este mal se encuentra en la regeneración del corazón humano por el poder transformador del evangelio de Jesucristo, como está escrito *Porque no me avergüenzo del evangelio, porque es poder de Dios para salvación a todo aquel que cree; al judío primeramente, y también al griego. Porque en el evangelio la justicia de Dios se revela por fe y para fe, como está escrito: Mas el justo por la fe vivirá.* Rom 1:16,17

Se necesita decir algo más en cuanto al hecho que los hombres y las mujeres deben recordar que la enseñanza bíblica de los roles diferentes en el género de ninguna manera implica diferencia en honor, valor o capacidad como está Escrito: *"Ya no hay judío ni griego; no hay esclavo ni libre; no hay varón ni mujer; porque todos vosotros sois uno en Cristo Jesús".* (Gál 3:28)

En 1 Pedro 3:7 muestra que la mujer junto al hombre son *"coherederas de la gracia de la vida"*, por lo tanto, hombres y mujeres son iguales en cuanto a su valor personal y estado de la salvación. Frecuentemente las mujeres superan a los hombres en talento, intelecto y habilidad. Las mujeres no son inferiores a los hombres, como tampoco Cristo es inferior a Dios.

El fin de la familia biológica será el fin de la represión sexual.

Expresiones propagandísticas de ese fenómeno como "está prohibido prohibir"; "cuanto más hago el amor, más ganas tengo de hacer la revolución, cuanto más hago la revolución, más ganas tengo de hacer el amor"; "el matrimonio es la cárcel para el amor", es solo una forma de imponer el hedonismo, Tendencia a la búsqueda del placer y el bienestar en todos los ámbitos de la vidas, sin importar las consecuencias de sus actos. Según los defensores de esas teorías la familia es culpable de "imponer artificialmente los roles masculino y femenino a los hijos que educa", por lo que se ve, un grave delito que hay que erradicar. Su misión es deconstruir a la familia y el matrimonio a fin de evitar el sentido heterosexual que tienen las palabras matrimonio, esposo o esposa, marido o mujer; o 'modelos de familia', que cambia el único sentido que tiene el término familia, por otros tipos de uniones que quieren fomentar como el matrimonio homosexual. Sin embargo, el único matrimonio que verdaderamente funciona y da hijos biológicos es el matrimonio heterosexual que de por sí, tiene la bendición de Dios cuando dijo: "No es bueno que el hombre continúe solo. Voy a hacerle una ayudante, como complemento de él"…Y Jehová Dios procedió a construir de la costilla que había tomado del hombre una mujer, y a traerla al hombre. Entonces dijo el hombre: *"Esto por fin es hueso de mis huesos y carne de mi carne. Esta será llamada Mujer, porque del hombre fue tomada esta". Por eso el hombre dejará a su padre y a su madre, y tiene que adherirse a su esposa, y tienen que llegar a ser una sola carne.* Gén 2:22-24

La maternidad esclaviza a la mujer.

La maternidad es el segundo peligro para esta corriente ideológica de género que sostiene; "La figura de la madre, el cual constituye el auge de la sumisión y de la represión sexual que no debe existir. El padre es libre, pero la madre no. Las mujeres sacrifican sus vidas y su libertad por sus hijos. Es necesario liberar a la mujer de la maternidad por medio de los anticonceptivos y del aborto" es el concepto ideológico de género.

El matrimonio homosexual no conoce el significado de ser padre y madre biológica porque niegan la maternidad y la heterosexualidad, razón por el cual recurren a la adopción de niños.

La maternidad es un don de Dios que trae alegría, admiración por el nuevo ser, y esperanza es una sensación increíble, experiencia única en una madre y en un padre de generar vida, tenerlo entre sus brazos y mimarlos, protegerlos, transmitir valores cristianos. Nuestras vidas se enfocan en lo laboral para dar una estancia más fructífera a los hijos que mañana serán los profesionales es la razón de ser y vivir , como dijo Carmen Olmedo <<Ser mujer es maravilloso porque tenemos el don de dar la vida, y eso es lo más grande del mundo>>

IDEOLOGIA DE GÉNERO

- "Cada bebé es un milagro, único e imposible de repetir". Anónimo
- "Creo en el amor a primera vista porque soy una madre". Anónimo
- "Inundaste de luz mi vida con solo mirarme a los ojos minutos después de nacer. Llenaste mi casa con tu risa de niña". Carola Gowland.
- "Cuando te digo te amo no lo hago por hábito, lo hago para recordarte que tú eres lo mejor que me ha pasado en la vida". Anónimo
- "Cuando un hijo llega al mundo, nos detenemos en el correr de la vida y nos sentamos a contemplar nuestra vida desde la más profunda paz". Anónimo
- "Tener un bebé supone asumir la responsabilidad más grande y la alegría más absoluta que nos da la naturaleza". Anónimo

La mujer no es feliz siendo esposa y madre.

"Soy demasiado inteligente, demasiado exigente, y demasiado recursiva para que alguien se haga cargo de mí completamente. Nadie me conoce ni me ama completamente. Solo me tengo a mí misma". Simone de Beauvoir

Todo lo contrario, una mujer no se ve realizada hasta que encuentra un buen esposo y se realiza como mujer en la maternidad, como está escrito en Proverbios 18:22 El que haya esposa(o) halla el bien, Y alcanza la benevolencia de Jehová.

IDEOLOGIA DE GÉNERO

La Biblia les dice a las casadas que "amen a sus esposos, amen a sus hijos, sean de juicio sano, castas, trabajadoras en casa, buenas, sujetas a sus propios esposos" (Tito 2:4, 5). La esposa y madre que así lo hace se gana el cariño y el respeto de su familia, se ve más realizada y emocionalmente estable Pro. 31:10-31

Ideología de Género, la única verdad.

Esta seudo ideología afirma "ser la única verdad", sin embargo cuando se lo confronta con sus bases y argumentos falsos se defiende negando la existencia de la misma, ¡Que ironía! Niegan que exista una ideología de género y de una conspiración (imaginaria) organizada con el fin único de adoctrinar a la infancia y la juventud mostrándoles cuestiones que tildan de ¡descabellada¡ y para darle un giro distinto, echan la culpa de toda esta contradicción al sistema educativo que supuestamente contiene "todo un conjunto de conocimientos pseudocientíficos, perfectamente asentados en las aulas y en los libros de texto de nuestras criaturas" Afirman que "el adoctrinamiento es real y lleva muchos años enraizado en el sistema educativo, tantos como para que no nos parezca extraño que, por ejemplo, el currículum académico de una persona de dos años de edad le imponga que debe situarse, elegir, sin ápice de dudas, entre dos figuras que representan, o se supone que representan, a una niña y a un niño. Sin justificación académica que sustente tales enseñanzas, nos quedan solamente motivaciones patriarcales. Nos queda la perpetuación de los roles y estereotipos de género, la creación de niñas rosas y niños azules, la diferenciación

IDEOLOGIA DE GÉNERO

y el encasillamiento en lo correcto, en lo esperado, en lo normal y, por consiguiente, la exclusión de todo aquello que está en los márgenes, que no se ajusta, posiblemente con la intención de que desaparezca o permanezca lo más oculto posible. Perpetuar un modelo educativo excluyente perjudica directamente a las personas trans e intersex y genera dificultades presentes y futuras para el conjunto de la sociedad. Las personas que no pertenecen a esas llamadas minorías tienen también el derecho a ser formadas lejos de patrones patriarcales". Lo cierto es que lo mismo argumentos ideológicos esgrimían el partido Nazi para negar la existencia del fascismo y la manipulación ideológica de la población con desaparición de miles de personas que no se alineaban al partido ideológico Nazi.

Hasta el día de hoy existen personas con intereses ocultos que niegan la existencia de campos de concentración nazi o del exterminio masivo de cerca de 6´000.000 de judíos asesinados, a pesar de existir evidencias de judíos marcados como reses que sobrevivieron, evidencias fotográficas y los mismos campos de concentración por los cuales muchos nazis fueron juzgados por cortes internacionales y sentenciados por delitos de lesa humanidad. De la misma forma, sus seguidores utilizan sofismas y tácticas evasivas para negar la existencia de una ideología deconstructiva de género, pero las evidencia una vez más sale a la luz pública sus falencias, basta con echar una ojeada a sus palabras para evidenciar la verdad, palabras como "motivaciones Patriarcales", "roles y estereotipos de género","Trans e Intersexo", "patrones patriarcales",

IDEOLOGIA DE GÉNERO

todos estos términos evidencian y son propio sostenido en la ideología de género.

Países europeos están permeados por esta ideología, a diario vemos como las feministas protestan en las calles perfilando las mismas palabras, reclamando leyes de género y apoyados por los grupos LGBTI para que las intrigas sean cada día más aceptables socialmente. La expansión ideológica de género que pretende tomarse las leyes, Ministerios públicos y el sistema educativo para adoctrinar a los niños en sus pensamientos homosexuales, pero cuando se los confrontan directamente con la verdad, ¡lo niegan! ¿De qué verdad hablan cuando usan la mentira para falsear la verdad?

La única verdad se encuentra en la Palabra revelada por Dios para el hombre y mujer de hoy. El Salmista David expresó con claridad meridiana un hecho verdadero en el salmo 119:42,86 *Y daré por respuesta a mi avergonzador, Que en tu palabra he confiado. Todos tus mandamientos son verdad...* Sal 119:160 *La suma de tu palabra es verdad, Y eterno es todo juicio de tu justicia.* En Juan 14:6 *Jesús le dijo: Yo soy el camino, y la verdad, y la vida; nadie viene al Padre, sino por mí.*

¡La verdad y la vida sólo se encuentran en Jesucristo!

Vocabulario expresivo LGBTI

1. <<Violencia de género>>
2. <<Violencia estructural>>
3. <<Violencia machista>>
4. <<Crimen por odio >>

IDEOLOGIA DE GÉNERO

Dichas expresiones son muy frecuentemente utilizadas por el grupo feminista de corte radical y fundamentalistas como 'palabras-talismán', que suelen despertar "impresiones, emociones, simpatías o antipatías que los medios de comunicación ponen de moda" en su accionar para dar fuerza al prejuicio contra los hombres, alegan que sólo ellos son los "únicos" que "usan la violencia y fomentan el odio", cuando en muchas ocasiones la mujer utiliza la violencia contra el hombre. Es interesante que estos temas no salen a la luz pública y a toda costa evitan los debates que les puedan desenmascarar. No aceptan observación o crítica alguna a sus postulados, y las opiniones o estudios que son contrarias a sus tesis son callados o silenciados, haciendo uso de las injurias como armas para proceder a atacar sin contemplaciones, tal como lo hicieron con el escritor Javier Álvarez Deca en su obra <<500 Razones contra un Prejuicio>>. No es casualidad que la ideología de género respalde y defienda a raja tabla este falso argumento, que no existen los sexos, sino orientaciones sexuales aunque este postulado vaya en contra de la ciencia y lógica elemental, después de todo hay un refrán popular que dice que "una mentira, repetida cien veces, se convierte en verdad". Todo lo aquí expresado, se puede comprobar fácilmente con tan sólo oírles hablar a través de los diferentes medios de comunicación, el empleo de términos aprendidos de memoria y ensayados para su uso para cuando tienen que salir a las calles con pancartas o, haciendo reclamos ante las autoridades pertinentes a quienes tratan de sorprender con sus postulados, uso de sofismas y palabrerías

IDEOLOGIA DE GÉNERO

Capítulo VIII
HOMOSEXUALIDAD Y BIBLIA

La homosexualidad es una desorientación sexual y se define como la interacción sexual y/o atracción romántica hacia individuos del mismo sexo.

Etimológicamente, la palabra homosexual proviene del griego homo = significa igual y el latín sexual, sugiriendo una relación sexual y sentimental entre personas del mismo sexo, incluyendo así el lesbianismo.

El término gay suele emplearse para referirse a los hombres homosexuales, y el término lesbiana para referirse a las mujeres. Desde hace décadas la comunidad científica internacional considera que la homosexualidad no es una enfermedad. Sin embargo, la situación legal y social de la gente que se autodenomina como homosexual varía mucho de un país a otro y frecuentemente es objeto de polémicas por cuanto su origen se ubica en la sodomización por personas del mismo sexo.

A partir de la segunda mitad del siglo XX, aparecen el movimiento y asociación gais, empezando a construirse la identidad homosexual. Hasta este tiempo, el homosexual no era conciente ni defendía tener ninguna identidad sexual diferenciada de la heterosexual, ni pretendían conseguir el reconocimiento social de sus prácticas afectico-sexuales, más adelante empiezan a defender el supuesto derecho a la equiparación con las parejas heterosexuales.

IDEOLOGIA DE GÉNERO

Los activistas homosexuales sostienen que la inclinación homosexual es innata, y como tal, es un derecho humano que la sociedad debe respetar, su objetivo era imponer la aceptación de la homosexualidad como una opción, logrando conseguir que la Asociación Americana de Psiquiatría y la Organización mundial de la Salud supriman la homosexualidad de las clasificaciones psicopatológica. Posterior a este significativo hecho nace el llamado "orgullo gay", que no se conforma con la tolerancia social, si no que va más allá en una lucha abierta por la liberación homosexual, la superación de los prejuicios y el derecho público a su identidad y matrimonio homosexual.

La estrategia usada por el grupo GLBTI, es la transformación progresiva de la sociedad en la que desaparezca la opresión y el rechazo, educando progresivamente a la sociedad para que acepte la homosexualidad como algo "natural", para hacer desaparecer la homofobia. Para lograr el reconocimiento de sus "libertades y derechos homosexuales", se han venido progresiva y sigilosamente infiltrando en la política, en los diferentes ministerios, en especial el de la salud y educación, apoyado a su vez, desde adentro a los grupos externos activista, logrando entrar y controlar el ordenamiento jurídico, a nivel internacional y nacional.

La nueva Constitución del Ecuador aprobada en Montecristi en el año 2008 trajo nuevos retos para la implementación progresiva de los derechos que esta reconoció. En este contexto, se visualiza en la Constitución una amplia gama de derechos que están direccionados a proteger el estilo de vida de la Comunidad LGBTI y sus proyectos de vida; es así. En este orden de ideas, la Constitución protege de manera individual la orientación sexual y la identidad de género, sin embargo cuando se pretende ejercerlos como relaciones de pareja desde una perspectiva familiar, la Constitución introdujo en el último párrafo de su artículo 67 la restricción del derecho al matrimonio a personas del mismo sexo. ART. 67 de la Constitución del 2008.

Se reconoce la familia en sus diversos tipos. El Estado la protegerá como núcleo fundamental de la sociedad y garantizará condiciones que favorezcan integralmente la consecución de sus fines. Estas se constituirán por vínculos jurídicos o de hecho y se basarán en la igualdad de derechos y oportunidades de sus integrantes.

El matrimonio es la unión entre hombre y mujer, se fundará en el libre consentimiento de las personas contrayentes y en la igualdad de sus derechos, obligaciones y capacidad legal.

La Constitución protege la aplicación del principio de igualdad y no discriminación que ampara a la población LGBTI, es importante también puntualizar que a la luz de esta se pueda evidenciar la contradicción existente entre el artículo 67 y el resto de la Constitución, es decir que garantiza el matrimonio de hombre y mujer y a la vez garantiza al grupo de LGBTI. Siendo esta contradicción a la que este grupo de personas se a cogen para reclamar sus derechos la matrimonio gay y adopción de niños. Siguiendo con este análisis con base a

IDEOLOGIA DE GÉNERO

lo señalado la CRE reconoce en su ART. 66 numeral 9 el derecho de todas las personas "a tomar decisiones, libres, informadas y responsables sobre su sexualidad, y su vida y orientación sexual", enfatizando que este representa que la sexualidad y la orientación sexual está protegida por el Estado y que el mismo tiene la obligación de promover el acceso a los medios necesarios para que estas decisiones se den en condiciones seguras. En función de esto, la CRE reconoce como responsabilidades de las ecuatorianas y ecuatorianos "respetar y reconocer las diferencias étnicas, nacionales, sociales.

La existencia de esta norma para este grupo de personas considera limitativa y contraproducente para el ejercicio de derechos de la comunidad LGBTI, porque está cargada de "discriminación" expresa.

Esta situación resulta preocupante si se considera que la CRE ha sido asumida socialmente como una norma progresista y de "avanzada" incapaz de albergar normas discriminatorias, es verdad que al existir un contradicción desde el punto de vista Constitucional se evidencia una herramienta de discriminación estatal con aval constitucional, de esta manera este grupo y con justa causa miran con incertidumbre como el derecho ha servido de herramienta para la sumisión y la discriminación contra la población LGBTI, siendo las leyes y demás fuentes del derecho medios que han logrado el afianzamiento de los roles y estereotipos de estigmatización a este grupo humano.

IDEOLOGIA DE GÉNERO

Por lo tanto, a quienes estamos de acuerdo que no se extinga la familia y sobre todo temerosos de los mandamientos de Dios la Constitución del 2008 garantiza a los hombres mujeres heterosexuales el derecho al matrimonio entre hombre y una mujer, derecho que es robustecido en la CRE. Analizando desde el otro lado de derechos esta comunidad LGBTI se siente discriminados en especial dentro de las relaciones de familia.

Este tipo de distribución sexual de los roles se refleja de manera inicial en la familia, es por ello que la Constitución ha determinado en el art. 69 algunas normas jurídicas que permitan balancear de manera equitativa el rol de cuidado tanto a padres como a madres dentro de una familia nuclear heterosexual. Sin embargo, estas normas hablan de padres y madres en la interacción entre ellos dentro de la familia en función de la repartición de las responsabilidades familiares en igualdad de condiciones respecto a las cargas. Por un lado estas disposiciones representan un gran avance en beneficio de las mujeres, y la familia.

Para quienes defendemos la unión de un hombre y mujer, estas normas al estar escritas en clave heterosexual benefician a la familia y visibilizan la existencia de los grupos LGBTI y mucho menos pensar en la dinámica de las familias homoparentales. En este orden de ideas, se desprende del análisis constitucional que la CRE garantiza los derechos de la comunidad LGBTI como derechos individuales, pero cuando la orientación sexual se mezcla con el derecho de familia,

IDEOLOGIA DE GÉNERO

es decir cuando existen efectos colectivos, mantiene los mismos criterios jurídicos de épocas pasadas, tanto así que es análoga a la estructura del vigente Código Civil que en su art. 81 describe al matrimonio como "un contrato solemne por el cual un hombre y una mujer se unen con el fin de vivir juntos, procrear y auxiliarse mutuamente". De esta forma, la CRE vigente, ciega a la dinámica social actual en el mundo y en especial en América Latina, mantiene al matrimonio bajo los estándares del siglo XIX restringiendo la factibilidad del matrimonio Igualitario

Constitución de la República en el Artículo 11, numeral 2 <<*Todas las personas son iguales y gozaran de los mismos derechos, deberes y oportunidades.*

Nadie podrá ser discriminado por razones de etnia, lugar de nacimiento, edad, sexo, identidad de género, identidad cultural, estado civil, idioma, religión, ideología, filiación política, pasado judicial, condición socio-económica, condición migratoria, orientación sexual, estado de salud, portar VIH, discapacidad, diferencia física; ni por cualquier otra distinción, personal o colectiva, temporal o permanente, que tenga por objeto o resultado menoscabar o anular el reconocimiento, goce o ejercicio de los derechos. La ley sancionará toda forma de discriminación. El Estado adoptará medidas de acción afirmativa que promuevan la igualdad real en favor de los titulares de derechos que se encuentren en situación de desigualdad>>.

IDEOLOGIA DE GÉNERO

Lo que dice la Biblia.

La Biblia no promueve la discriminación contra *las personas,* pero sí adopta una postura clara con respecto a la conducta u *actos* homosexuales. La Biblia dice:

"No debes acostarte con un varón igual a como te acuestas con una mujer. Es cosa detestable." (Levítico 18:22.)

Esta prohibición era uno de los preceptos morales de la Ley entregada por Dios a Israel mediante Moisés. Aunque dicha Ley regía específicamente a esta nación, la expresión *"es cosa detestable"* dejó claro lo que Dios pensaba sobre los actos homosexuales, fuera entre judíos o no judíos.

Los pueblos vecinos de Israel realizaban prácticas prohibidas por la Ley, como la homosexualidad, el incesto y el adulterio. Por eso, Dios los consideraba inmundos "No *te echarás con varón como con mujer; es abominación. Ni con ningún animal tendrás ayuntamiento amancillándote con él, ni mujer alguna se pondrá delante de animal para ayuntarse con él; es perversión. En ninguna de estas cosas os amancillaréis; pues en todas estas cosas se han corrompido las naciones que yo echo de delante de vosotros, y la tierra fue contaminada; y yo visité su maldad sobre ella, y la tierra vomitó sus moradores"*. (Lev 18:22- 25)

"Si alguno se ayuntare con varón como con mujer, abominación hicieron; ambos han de ser muertos; sobre ellos será su sangre". (Levítico 20:13)

IDEOLOGIA DE GÉNERO

"No haya ramera entre las hijas de Israel, ni haya sodomita de entre los hijos de Israel". (Deuteronomio 23:17)

"Hubo también sodomitas en la tierra, e hicieron conforme a todas las abominaciones de las naciones que el Señor había echado delante de los hijos de Israel". (1 Reyes 14:24)

"Asa hizo le recto antes los ojos del Señor, como David su padre. Porque quitó del país a los sodomitas y quitó todos los ídolos que sus padres habían hecho". (1 Reyes 15:11-12)

"Y anduvo Josafat en todo el camino de Asa su padre sin desviarse de él, haciendo lo recto ante los ojos del Señor [...] barrió también de la tierra el resto de los sodomitas que había quedado en el tiempo de su padre Asa". (1 Reyes 22:43, 46)

¿Cambió la norma bíblica con la llegada del cristianismo? Veamos el siguiente pasaje:

"Dios los entregó a apetitos sexuales vergonzosos, porque sus hembras cambiaron el uso natural de sí mismas a uno que es contrario a la naturaleza; y así mismo hasta los varones dejaron el uso natural de la hembra y se encendieron violentamente en su lascivia unos para con otros, varones con varones, obrando lo que es obsceno." (Romanos 1:26, 27.)

IDEOLOGIA DE GÉNERO

¿Por qué dice la Biblia que los actos homosexuales son contranaturales y obscenos?

Porque se trata de actos que Dios no tenía pensados para los seres humanos. Las uniones homosexuales no pueden producir hijos, solo las parejas heterosexuales están capacitados con el don de la sexualidad procreativa. La Biblia al respecto dice:

"Dijo entonces Adán: Esto es ahora hueso de mis huesos y carne de mi carne; ésta será llamada Varona, porque del varón fue tomada. Por tanto, dejará el hombre a su padre y a su madre, y se unirá a su mujer, y serán una sola carne". (Gén 2:23-24)

¿Hay algo que justifique la homosexualidad?

Alguien podría preguntarse: "¿Tiene justificación una persona para ceder a sus impulsos homosexuales por razones de genética o de crianza, o por traumas como el abuso sexual?". No. ¿Por qué? Ilustrémoslo. Tal vez una persona tenga lo que algunos científicos llaman la tendencia hereditaria al alcoholismo, o quizás se haya criado en un hogar en el que el abuso del alcohol era algo normal. Sin duda, la mayoría de nosotros intentaría comprender a alguien así. ¿Pero sería razonable animarlo a seguir abusando del alcohol o a renunciar a su lucha tan solo porque nació con esa tendencia o fue criado en un entorno nocivo? Claro que no.

Del mismo modo, aunque la Biblia no condena a quienes libran una batalla contra las tendencias homosexuales, tampoco consiente que cedan a dichos deseos, se deban a causas genéticas o de otro tipo. Más bien, ofrece apoyo y soluciones prácticas a quienes quieran vencer tales impulsos, *"Y si hago lo que no quiero, ya no lo hago yo, sino el pecado que mora en mí. Así que, queriendo yo hacer el bien, hallo esta ley: que el mal está en mí. Porque según el hombre interior, me deleito en la ley de Dios; pero veo otra ley en mis miembros, que se rebela contra la ley de mi mente, y que me lleva cautivo a la ley del pecado que está en mis miembros.*

¡Miserable de mí! ¿Quién me librará de este cuerpo de muerte?

Gracias doy a Dios, por Jesucristo Señor nuestro. Así que, yo mismo con la mente sirvo a la ley de Dios, mas con la carne a la ley del pecado". (Ro. 7:20-21)

"sino que golpeo mi cuerpo, y lo pongo en servidumbre, no sea que habiendo sido heraldo para otros, yo mismo venga a ser eliminado". (1Co 9:27)

¿Qué espera Dios de quienes tienen impulsos homosexuales?

La Biblia asegura que la voluntad de Dios es que "hombres de toda clase se salven y lleguen a un conocimiento exacto de la verdad" Aunque las Escrituras no aprueban la homosexualidad, tampoco promueven la homofobia como está Escrito: *"Exhorto ante todo, a que se hagan rogativas, oraciones, peticiones y acciones de gracias, por todos los hombres; por los reyes y por todos los que están en eminencia, para que*

IDEOLOGIA DE GÉNERO

vivamos quieta y reposadamente en toda piedad y honestidad.

Porque esto es bueno y agradable delante de Dios nuestro Salvador, el cual quiere que todos los hombres sean salvos y vengan al conocimiento de la verdad. (1Ti 2: 1-4)

Las normas de Dios no se pueden rebajar. En 1 Corintios 6:9, 10, la Biblia señala claramente que los "hombres que se acuestan con hombres" están entre quienes "no heredarán el reino de Dios", *"¿No sabéis que los injustos no heredarán el reino de Dios? No erréis; ni los fornicarios, ni los idólatras, ni los adúlteros, ni los afeminados, ni los que se echan con varones, ni los ladrones, ni los avaros, ni los borrachos, ni los maldicientes, ni los estafadores, heredarán el reino de Dios.".* (1Co 6:9-10)

Sin embargo, el versículo 11 añade estas consoladoras palabras: *"Eso era lo que algunos de ustedes eran. Pero ustedes han sido lavados, pero ustedes han sido santificados, pero ustedes han sido declarados justos en el nombre de nuestro Señor Jesucristo y con el espíritu de nuestro Dios".* (1Co 6:11)

Como vemos, todos aquellos que tenían el deseo sincero de servir a Dios según las normas establecidas por él eran bien recibidos en la congregación cristiana del siglo primero. Lo mismo sucede hoy día con quienes buscan de corazón la aprobación de Dios, no reinterpretando la Biblia, sino amoldándose a sus normas.

IDEOLOGIA DE GÉNERO

¿Qué dice la Biblia sobre los actos homosexuales?

(Romanos 1:26, 27.) ¿Discrimina la Biblia a quienes tienen tendencias homosexuales? (1 Timoteo 2:4.)

¿Es posible evitar las prácticas homosexuales? (1 Corintios 6:9-11.)

Es Importante resaltar que Los homosexuales y las lesbianas han ganado considerable espacio en lo político y lo social no sólo en Estados Unidos sino también en otros países del mundo. Ellos por decirlo así, han "salido", abandonado sus closets y están tocando en sus hogares. A través de la televisión, de la radio, de los periódicos y revistas, están predicando la doctrina de ellos acerca de la tolerancia, la igualdad, la justicia y el amor. No quieren que las personas los perciban como anormales o peligrosos; quieren ser aceptados y quieren que Usted les dé la bienvenida con brazos abiertos, amorosos, aprobando lo que ellos hacen.

En muchos estados de Estados Unidos gran cantidad de proyectos de ley han sido introducidos por los políticos en favor de la homosexualidad asegurando que la práctica de la homosexualidad es un derecho protegido por la ley. En estos proyectos de ley se han introducido declaraciones que afectan a los empleadores, a arrendatarios y a colegios. A las iglesias posiblemente se les pediría que contraten un número determinado de homosexuales y lleven a cabo cursos de entrenamiento para "sensibilizar" a las personas los cuales serían también "*requeridos urgentemente*" en varios lugares de trabajo. Incluso, hay una legislación que obligaría al estado a pagar por la defensa de los asuntos de los homosexuales en demandas mientras que se requiere que el lado no homosexual de los ciudadanos sea el que pague estas cuentas de sus bolsillos.

¿Es esto justo? Claro que no. Pero la justicia no es el tema principal aquí. Se trata de ingeniería social. Piense acerca de esto: la comunidad homosexual quiere protección legal para tener relaciones sexuales con personas del mismo sexo. Y si esto no fuera suficiente, quieren que el punto de vista de ellos sea enseñado en los colegios, promovido en estaciones de radio e incluido en toda clase de medios escritos.

Aun así, la Iglesia Cristiana no se ha parado firme ante esta situación. Cuando se ha denunciado la inmoralidad política, el grito de "separación de la iglesia y del estado" se levanta entre los llamados "religiosos intolerantes." Pero cuando la comunidad homosexual intenta usar el poder político para tratar de controlar la iglesia y trabajar de acuerdo a sus agendas enseñando la homosexualidad en los colegios, tal clase de grito por parte de los intolerantes no es escuchado desde los corredores sagrados de los medios publicitarios. ¿Por qué? Porque no es correcto, en cuanto a política se trata, estar al lado de los cristianos.

La Biblia como la Palabra de Dios, revela el carácter moral de Dios y forma la moral del cristiano. La Biblia tiene mucho que decir acerca de la homosexualidad, veamos varios de ellos: **Ro 1:26-28** *"Por esto Dios los entregó a pasiones vergonzosas; pues aún sus mujeres* *cambiaron el uso natural por el que es contra naturaleza. ^{27} y de igual modo también los hombres, dejando el uso natural de la mujer, se encendieron en su lascivia unos con otros, cometiendo hechos vergonzosos hombres con hombres, y recibiendo en sí mismos la retribución debida a su extravío. ^{28} Y como ellos no aprobaron tener en cuenta a Dios, Dios los entregó a una mente reprobada, para hacer cosas que no conviene;"*

- **1ª Corintios 6:9-10**

*"¿No sabéis que los injustos no heredarán el reino de Dios? No erréis; ni los fornicarios, ni los idolatras, ni los adúlteros ni los afeminados, ni los que se echan con varones, ("homosexuales" es la palabra que se usa en la **NBEA (Nueva Biblia Estándar Americana) [New American Standard Bible])1** ^{10} ni los ladrones, ni los avaros, ni los borrachos, ni los maldicientes, ni los estafadores, heredarán el reino de Dios."*

- **1 Timoteo 1:9-10,**

"Conociendo esto, que la ley no fue dada para el justo, sino para los transgresores y desobedientes, para los impíos y pecadores, para los irreverentes y profanos, para los parricidas y matricidas, para los homicidas, para los fornicarios, para los sodomitas, para los secuestradores, para los mentirosos y perjuros, y para cuanto se oponga a la sana doctrina"

IDEOLOGIA DE GÉNERO

- **Judas 7**

"Como Sodoma y Gomorra y las ciudades vecinas, las cuales de la misma manera que aquéllos, habiendo fornicado e ido en pos de vicios contra naturaleza, fueron puestas por ejemplo, sufriendo el castigo del fuego eterno".

Con tan claras declaraciones contra la homosexualidad, es difícil ver cómo los diferentes grupos pueden decir que la Biblia sostiene la homosexualidad. Pero ellos tratan de hacerlo al redefinir las palabras amor, matrimonio, sexo, homosexualidad, etc. Para poder llevar a cabo su objetivo. Pero la verdad es que Dios creó a un hombre y a una mujer, no a un hombre y a un hombre, ni tampoco a una mujer y a una mujer. Sin embargo, la Biblia es un libro poderoso y debido a esto es que los homosexuales tratan con frecuencia de equiparar sus fantasías degeneradas con la Biblia y la agenda de ellos. Pero esto nunca les funcionará. La Biblia no apoya la homosexualidad como ya hemos visto en las Escrituras anteriores.

A diferencia de otros pecados, este pecado sexual tiene un juicio administrado directamente por Dios Mismo: Dios los entregó a pasiones vergonzosas y a una mente reprobada. (Ro 1:26-28). Esto significa que el corazón de los homosexuales es endurecido por causa de este pecado. Como resultado, ellos no pueden ver más el error de lo que están haciendo. Sin estar conscientes de sus pecados, no habrá arrepentimiento; sin arrepentimiento, no habrá perdón y sin perdón, no habrá salvación.

¿Se les debería permitir a los homosexuales casarse?

En este clima políticamente incorrecto donde se renuncia a lo moral tan normalmente como para satisfacer los caprichos relativos de la sociedad, declarar que los homosexuales no deberían casarse es volverse impopular.

¿Se le permitiría a una mujer casarse con otra mujer? O ¿Se le permitiría a un hombre casarse con otro hombre? ¿Se les debería dar a los homosexuales protecciones legales y derechos especiales por encima del común de los mortales para practicar su homosexualidad?

No. No se les debería permitir.

La Biblia en forma clara condena la homosexualidad y el problema radica en que nuestra sociedad no está dependiendo de la Biblia para establecer sus verdades morales. En vez de esto, la sociedad depende de la moral humanista y relativista, sobre los que ha edificado su estructura ética.

El homosexualismo no es natural. Solamente observe los cuerpos masculino y femenino. Estos, están diseñados en forma inteligente para que hagan pareja. Se nota el diseño natural. No es natural unir o juntar a un hombre con otro hombre y a una mujer con otra mujer. Es como pretender tratar de unir dos tornillos y entonces declarar: *"Miren. Es natural que dos tornillos estén juntos"*.

IDEOLOGIA DE GÉNERO

Los homosexuales argumentan que la homosexualidad entre los seres humanos es natural debido a que esta clase de conducta ocurre en el mundo animal. También es cierto que vemos a los animales comerse viva a su presa y aún a sus propios cachorros. En esto, vemos salvajismo, crueldad y extrema brutalidad y sin embargo no condenamos tal clase de conducta en nuestra propia sociedad. Los proponentes del argumento del orden natural no deberían simplemente tomar y escoger las situaciones que mejor encajen en sus agendas. Estas tienen que ser consistente y no compararnos con los animales porque no somos animales. Somos hechos a la imagen de Dios.

La protección social de una práctica sexual diferente a la establecida por Dios es ridícula. No creo que sea apropiado pasar leyes declarando que los homosexuales tienen "*derechos*" a tener sexo entre personas del mismo género y después pretender redefinir el matrimonio que incluya sus puntos de vista. Si ellos pueden hacer esto, ¿dónde terminará esto? ¿Qué acerca de la pedófila o la bestialidad? Estas son también prácticas sexuales. ¿Deberían ser también protegidas por la ley? Si la homosexualidad es legalmente protegida, ¿por qué no son protegidas también estas prácticas aberrantes?

Sólo porque alguien es homosexual no significa que no podamos amar a esa persona u orar por él/ella. La homosexualidad es un pecado y como cualquier otro pecado, éste necesita ser tratado con el único camino posible: necesita ser llevado a la cruz del calvario y arrepentirse de éste.

IDEOLOGIA DE GÉNERO

Los Cristianos deben orar por la salvación de los homosexuales de la misma forma como lo hacen por cualquier otra persona en pecado. Deben tratar a los homosexuales con la misma dignidad con la que tratan a otra persona debido a que, nos guste o no, ellos están hechos a la imagen de Dios. Sin embargo, esto no significa que los cristianos tengan que aprobar el pecado de ellos.

Los cristianos no tienen que comprometer su testimonio por una opinión políticamente incorrecta la cual está moldeada por la culpa y el miedo. De hecho, los siguientes versículos deberían mantenerse en mente cuando se trata con homosexuales:

- **Colosenses 4:5-6:** *"Andad sabiamente para con los de afuera, redimiendo el tiempo. Sea vuestra palabra siempre con gracia, sazonada con sal, para que sepáis cómo debéis responder a cada uno."*

- **1ª Timoteo 1:5:**

"Pues el propósito de este mandamiento es el amor nacido de corazón limpio, y de buena conciencia, y de fe no fingida."

Usted no gana personas al Señor condenándolos y usando palabras inapropiadas. Esta es la razón por la cual Dios dice que hablemos con sabiduría, gracia y amor. Permitamos que el amor de Cristo fluya a través de nosotros para que los homosexuales puedan ver un amor verdadero y acercarse a Cristo en vez de alejarlos de Él.

IDEOLOGIA DE GÉNERO

Las leyes del Antiguo Testamento están categorizadas en tres grupos: la civil, la sacerdotal y la moral. Las leyes civiles deben ser entendidas en el contexto de una teocracia o gobierno de Dios. Aun cuando la nación Judía en el A.T. era con frecuencia gobernada por un rey, era un sistema teocrático y las Escrituras eran usadas como guía de la nación. Esas leyes que cayeron bajo esta categoría no son aplicables al tiempo de hoy debido a que no estamos gobernados bajo una teocracia.

Las leyes sacerdotales tratan con los sacerdocios Levítico y Aarónico, los cuales fueron representativos del futuro y verdadero Sumo Sacerdocio de Jesús el cual se ofreció a Si Mismo como un sacrifico en la cruz. Debido a que Jesús cumplió todas las leyes sacerdotales, no hay ya necesidad de seguirlas y por lo tanto no son ahora aplicables.

De otro lado, las leyes morales no están abolidas y esto se debe, a que están basadas en el carácter de Dios el cual es santo y como Él no cambia, las leyes morales tampoco cambian. Por lo tanto, las leyes morales están todavía en efecto.

En el Nuevo Testamento no vemos un cambio en las leyes civiles o sacerdotales, pero sí un restablecimiento de la ley moral. Esta es la razón por la cual el Nuevo Testamento condena la homosexualidad como un pecado no asociado con la pena de muerte.

En la Biblia la homosexualidad nunca es definida como una conducta aceptable ni aún si ésta fuera practicada por individuos que tuvieran una relación *"amorosa"* entre sí.

La homosexualidad siempre es condenada. Los actos homosexuales no son actos naturales y están contra el orden creado por Dios. Sólo lo masculino y lo femenino están diseñados para encajar perfectamente. Esta fue la manera como Dios nos creó a nosotros y lo hizo de esta forma para que pudiéramos llevar a cabo Su mandamiento de fructificar y multiplicar la tierra con seres semejantes a ellos: masculino y femenino. La homosexualidad es una aberración contra el orden creado de Dios y a través de ésta práctica, sería imposible llevar a cabo el mandamiento dado por Dios a la humanidad.

Es irrelevante el argumento de que una pareja de homosexuales se entreguen el uno al otro fielmente, ya que ni el amor ni los sentimientos que se tengan entre sí podrán jamás cambiar las verdades morales. Si en una pareja no casada alguno de ellos ya se encuentra casado(a) con alguien más, cometen adulterio aun cuando el amor entre ellos sea genuino y estén entregados totalmente entre sí; el pecado de ellos no tiene excusa.

Ni la homosexualidad, ni el adulterio ni la fornicación pueden ser simplemente aceptados como moralmente correctas por el sólo hecho de que una pareja de homosexuales o las personas en el adulterio y la fornicación se *"amen"* entre sí y estén *"comprometidos"* en ese amor.

IDEOLOGIA DE GÉNERO

El problema aquí es que el amor es usado como una excusa para violar las Escrituras.

Segundo, esto significaría que cosas como la pedofilia serian aceptables y permitidas si la "*pareja*" tiene una relación de amor y compromiso entre sí.

Tercero, la subjetividad de lo que significa "*amar*" a otra persona y el "*compromiso*" hacia otra persona no pueden ser usados para justificar toda clase de conducta aberrante.

Los cuatro versículos de la Biblia mencionados anteriormente refutan esta clase de idea. Miremos nuevamente lo que estos dicen y veamos si hay algo que no entienden. El primer versículo de Levítico dice que la homosexualidad es una abominación para un hombre que se acueste con otro hombre; de igual manera sería si dos mujeres tuvieran sexo. Obviamente, esto se está refiriendo a la relación sexual y ésta es definitivamente condenada. El segundo versículo en Levítico se refiere a la misma cosa. En 1ª Corintios se condena rotundamente la homosexualidad y finalmente, romanos, describe claramente el acto homosexual contra naturaleza.

No nos engañemos: el punto de vista que tanto el Antiguo Testamento como el Nuevo Testamento tienen acerca de la homosexualidad es totalmente negativo y es frecuentemente condenado como pecaminoso.

Si las personas en el siglo 21 piensan o no que la homosexualidad es o no aceptable no tienen ninguna orientación si éste es o no un acto pecaminoso delante de

IDEOLOGIA DE GÉNERO

Dios. Dios existe y Él es el estándar de justicia. Si alguien cree esto o no lo cree, se debe a que la moral proviene de un sistema de desarrollo que ha fluido en forma vaga e inexacta y que no tiene una orientación basada en la verdad.

En la Biblia, Dios ha condenado la homosexualidad como pecado. Y como pecado necesita arrepentimiento de la misma manera que cualquier pecado y el único camino disponible para recibir perdón es a través del sacrificio de Cristo Jesús en la cruz.

Este es un error común cometido por aquellos que sostienen la homosexualidad. El problema es que esta explicación no registra el ofrecimiento que hizo Lot de sus hijas a los hombres que habían rodeado su casa para evitar que los dos ángeles que se encontraban en ésta fueran violados por los habitantes homosexuales. Génesis 19:5 dice: *"Y llamaron a Lot, y le dijeron: '¿Dónde están los varones que vinieron a ti esta noche? Sácalos, para que los conozcamos.'"*

Esos hombres querían tener relaciones sexuales con los ángeles que habían aparecido en forma masculina. ¿Tiene sentido lógico decir que Dios destruyó las dos ciudades debido a que sus habitantes no fueron hospitalarios con los visitantes? Si este fuera el caso, ¿no debería Dios entonces, destruir cada hogar que no es atento con los visitantes? En Génesis 18:20 dice que el pecado en Sodoma y Gomorra *"se aumenta más y más, y el pecado de ellos se ha agravado en extremo"*.

IDEOLOGIA DE GÉNERO

No ser hospitalario a alguien nunca ha sido considerado un pecado grave en exceso, particularmente en la Biblia. Pero ir en contra del orden creado por Dios es una violación de Su mandamiento de llenar y fructificar la tierra por medio de la homosexualidad; éste, es un pecado grave en exceso. De hecho, sabemos que es grave en exceso debido a que en romanos leemos acerca del juicio de Dios sobre los homosexuales los cuales entregó a una mente reprobada para hacer cosas que no convienen. Éste es un serio juicio de Dios sobre el pecador ya que sin arrepentimiento no habrá salvación y sin salvación habrá condenación. Por lo tanto, el argumento de que Sodoma y Gomorra fueron destruidas por que sus habitantes no fueron hospitalarios no tiene sentido ni base bíblica.

En todas Las Sagradas Escrituras podemos ver que para Dios el hombre tiene un rol en la familia y la mujer otro. Aún en las vestimentas, Dios ha sido específico como dice en Deuteronomio 2:5 *"No vestirá la mujer traje de hombre, ni el hombre vestirá ropa de mujer; porque abominación es a Jehová tú Dios cualquiera que esto hace."* En este mismo libro Deuteronomio dice:

Debut.2:10 dice: "Cuando salieras a la guerra contra tus enemigos, y Jehová tu Dios los entregare en tu mano y tomares de ellos cautivos, y vieres entre las cautivas a alguna MUJER hermosa, y la codiciares, y la tomares para tí por mujer, la meterás en tu casa...y después podrás llegarte a ella, y tú serás su MARIDO, y ella será tu mujer".

IDEOLOGIA DE GÉNERO

El mandato de Dios al hombre

El mandato de Dios al hombre fue que se multiplicarán. ¿Cómo pueden dos homosexuales tener hijos propios, conforme al mandato de Dios de fructificar?, o ¿cómo pueden dos lesbianas tener hijos propios y cumplir el mandato de Dios de fructificar? Dios es claro en su Palabra El sólo creó a un hombre y a una mujer, no creó un tercer sexo. Dijo hagamos al hombre a nuestra imagen y semejanza, ¿cómo un Dios tan santo, puede hacer algo que vaya en contra de la naturaleza?

- En primera de Corintios 6:9 dice:

"¿no sabéis que los injustos no heredarán el reino de Dios? No erréis; ni los fornicarios, ni los idólatras, ni los adúlteros, ni los AFEMINADOS, NI LOS QUE SE ECHAN CON VARONES...

Sabemos que Dios no castiga a nadie por amar, al contrario él manda que nos amemos los unos a los otros como él nos ha amado, pero el amor desordenado, como es el del homosexualismo es totalmente condenado por la Palabra de Dios. Si tenemos que amar a los de nuestro mismo sexo, pero ese es un amor ágape, que viene de Dios y no es inmundo.

La Biblia dice que los que estamos en Cristo somos hermanos, ese es el amor espiritual entre el mismo sexo que Dios bendice, cuando yo amo en el Señor Jesús a mi hermana y tu mi hermano amas en el Señor Jesús a tu hermano, sabiendo que de nosotros es el Reino de los Cielos.

IDEOLOGIA DE GÉNERO

En Efesios 5:22 dice:

"Las casadas estén sujetas a sus propios maridos, como al Señor; porque el marido es cabeza de la mujer, así como Cristo es cabeza de la iglesia, la cual es su cuerpo y él es su Salvador. Así que como, la iglesia está sujeta a Cristo, así también las casadas lo estén a sus maridos en todo. Maridos amad a vuestras mujeres, así como Cristo amó a la iglesia, y se entregó a sí mismo por ella...Por tanto dejará el hombre a su padre y a su madre, y se unirá a su mujer, y los dos serán una sola carne...Por lo demás, cada uno de vosotros ame también a su mujer como a sí mismo; y la mujer respete a su marido".

IDEOLOGIA DE GÉNERO

El Tribunal de Estrasburgo dictamina que ningún país está obligado a legalizar el matrimonio entre homosexuales

"El matrimonio homosexual no es un derecho humano"

Es la resolución unánime del Tribunal de Europa de Derechos Humanos (TEDH) el cual emitió un fallo el 09/06 que algunos han intentado o minimizar u ocultar la verdad: "*El matrimonio homosexual no es un derecho humano*", concluyeron los 47 jueces de los países miembros del Consejo de Europa que integran el pleno del Tribunal con sede en Estrasburgo.

El fallo se fundamentó en investigaciones de carácter científico comprobado y de juicios de filósofos y antropólogos, que interpretaron la seudo teoría de "*ideología de género*" y "*desconstrucción social de género*" a la luz del artículo N°12 del Convenio Europeo de Derechos Humanos, sobre derechos humanos, similar al N°17 del Pacto de San José y al N°23 del Pacto Internacional de Derechos Civiles y Políticos. Según la sentencia, << *La familia es la unión de un hombre y una mujer, y ningún gobierno está obligado a abrir las nupcias entre personas del mismo sexo*>>.

IDEOLOGIA DE GÉNERO

Parlamento Europeo: Las sesiones plenarias se realizan en Estrasburgo.
Eurocuerpo: Comando Central.
Europol: Centro de información.
Comisión Central para la Navegación del Rin.

Corte Europea de los Derechos Humanos: Palacio de los Derechos Humanos. Otras 22 instituciones europeas como el Consejo de Europa.

Los 47 jueces, de los 47 países del Consejo de Europa, que integran el pleno del Tribunal de Estrasburgo (el tribunal de Derechos Humanos más importante del mundo), han dictado una sentencia de enorme relevancia, la cual fue y es sorprendentemente silenciada por los diferentes medios informativo que han hecho poco eco e interés en un asunto transcendental que afecta la legislación de otros países y consume parte del presupuestario de las arcas fiscales.

Los jueces del Tribunal Europeo de Derechos Humanos son elegidos por la Asamblea Parlamentaria del Consejo de Europa, por mayoría, de entre una terna de candidatos que presenta cada Estado miembro del Consejo de Europa. Los candidatos deben ser juristas de la más alta consideración moral y reunir las condiciones requeridas para el ejercicio de altas funciones judiciales o ser jurisconsultos de reconocida competencia (artículo N° 22 del Convenio). Se basa principalmente en los artículos 8 (respeto al derecho de la vida privada y familiar) y 12 (derecho al matrimonio y a fundar una familia).

IDEOLOGIA DE GÉNERO

Tras recordar que la regulación del matrimonio está regulada por las leyes de los Estados que han firmado el Convenio -España entre ellos-, los jueces del TEDH recuerdan que el artículo 12 [del Convenio] consagra *"el concepto tradicional del matrimonio, a saber, la unión de un hombre y de una mujer"* y que no impone a los gobiernos la "obligación de abrir el matrimonio a las personas de mismo sexo".

En relación con el artículo 8 y alegando también el artículo 14 (principio de no discriminación), la sentencia afirma que *"los Estados son libres de reservar el matrimonio únicamente a parejas heterosexuales y gozan de un margen de apreciación para decidir acerca de la naturaleza exacta del estatuto otorgado por otros modos de reconocimiento jurídico"*.

Dicho de otra forma, el TEDH acepta sin coaccionar, la decisión de cada Estado, sea cual sea: mantener el matrimonio de siempre, legalizar el homosexual u optar por una unión civil. Y por supuesto, reconoce el derecho de cada Estado a cambiar la legalidad vigente.

Grégor Puppinck, director de The European Center for Law and Justice, subraya, en relación con esta sentencia, que *"si bien sigue siendo oportuno que el Convenio se siga aplicando a las evoluciones sociales, no deja de ser abusivo forzar la 'evolución' del contenido del Convenio"*.

El caso que ha motivado este fallo es la unión entre 2 hombres celebrada en Francia por el líder ecologista Noël Mamère, en su condición de alcalde de Bègles, en

IDEOLOGIA DE GÉNERO

2004, 9 años antes de que se legalizara en matrimonio homosexual.

En aquel 2004 el alcalde de Bègles (Gironda), celebró el *"matrimonio"* simbólico de una pareja homosexual. La unión fue registrada en el registro civil del ayuntamiento, pero posteriormente anulada en 2007 por los tribunales franceses, al ser en aquel momento ilegal la celebración de *"matrimonios"* entre personas del mismo sexo.

El Tribunal Europeo de Derechos Humanos, con sede en Estrasburgo, ha dictaminado, con fecha 9 de junio, que el matrimonio homosexual no es un derecho. El acuerdo fue adoptado por unanimidad de los jueces de su sección 5ta. Este resultado judicial (n° 40183/07) tiene su origen en el litigio presentado por los señores Chapin y Charpentier contra Francia. Ambos contrajeron matrimonio civil que fue impugnado por la procuraduría de la República y fallado a favor de su anulación por las distintas instancias judiciales francesas, hasta que, después de todas estas derrotas jurídicas, fue llevado por los interesados al Tribunal de Estrasburgo, que ahora también ha resuelto en el mismo sentido: el matrimonio entre personas del mismo sexo no es un derecho y, por consiguiente, la negativa a su existencia por parte de un estado no significa ninguna violación. Unos datos esenciales deben ser subrayados: La sentencia desfavorable para el matrimonio homosexual se produce cuando en Francia ya ha sido legalizado, pero ello no ha sido óbice para fallar en contra, por la razón esencial de que al no ser un derecho no puede verse reconocido por una jurisprudencia que tendría validez europea. Puede

IDEOLOGIA DE GÉNERO

ser una regulación francesa, española, por razones de partido ideológico como tantas otras hay, pero no puede exigirse como un cumplimiento general en razón de constituir un derecho, y su negativa, una discriminación.

En las distintas sentencias adversas que se han ido reiterando, se encuentra la doctrina común de que el matrimonio es la institución de los emparejamientos potencialmente fecundos, y que son estos posibles hijos comunes los que le otorgan su especificad, y también que existen otras formulaciones, como la legislación de parejas de hecho -y el pacto civil de solidaridad, en el caso de Francia- que posibilitan diversas formas de vida en común. Esta sentencia reitera (porque no es la primera) la razón de quienes sostenemos que el matrimonio homosexual no es un derecho, sino una opción ideológica, política, que uno puede compartir o rechazar. No digo nada nuevo, Lionel Jospin el líder de la izquierda francesa y ex primer ministro ya lo adujo hace algunos años.

El Tribunal sostuvo que la noción de familia no sólo contempla *"el concepto tradicional del matrimonio, a saber, la unión de un hombre y de una mujer"* sino que no se debe imponer a los gobiernos la *"obligación de abrir el matrimonio a las personas de mismo sexo"*.

En cuanto al principio de no discriminación, el Tribunal también añadió que no hay tal discriminación dado que *"los Estados son libres de reservar el matrimonio únicamente a parejas heterosexuales"*.

IDEOLOGIA DE GÉNERO

La decisión del TEDH puede resultar absolutamente inevitable a la luz del citado artículo y más que aconsejable en un momento delicado para las instituciones europeas, cuando hay países como Polonia y Hungría que rechazan abiertamente el llamado *'matrimonio gay'*, en el caso del 2do. Tipificado en su propia Constitución el matrimonio natural como el único reconocido por el Estado. En contraste, y especialmente desde que el Tribunal Supremo de los Estados Unidos proclamase *'constitucional'* el matrimonio entre dos hombres o dos mujeres, la tendencia universal ha sido considerarlo una *'conquista social'* irreversible.

De esta forma, la reciente sentencia en Europa viene a enfriar y templar la propaganda incesante de los grupos LGBT que hacen parecer la aprobación del matrimonio gay como un avance imparable al que solo se resisten, movidos por una profunda homofobia, un puñado de países. La realidad es que solo 17 de los 193 países miembros de la ONU tiene esta institución. Pero ni siquiera puede alegarse homofobia militante en esos casos, al menos no en su mayoría: 95 de los 176 estados que solo reconocen el matrimonio natural han despenalizado por completo las conductas homosexuales y 88 mantienen protección constitucional sobre los individuos del colectivo LGBT.

Estrasburgo es una ciudad de Francia, en la región histórica y cultural de Alsacia. Su centro histórico está declarado Patrimonio Unesco de la Humanidad desde 1988.

IDEOLOGIA DE GÉNERO

Capítulo IX
TESTIMONIOS DE TRANSEXUALES
Alexis Arquette,
Durante décadas fue un icono LGTB

Alexis Interpretó papeles masculinos y femeninos ante las cámaras actuó en la película *Pulp Ficción* o en la serie *Friends*– y también en su vida real. Robert Alexis Arquette nació en una famosa familia de actores de Hollywood.

Proveniente de una familia generacional de actores de Hollywood, hijo de un artista de vodevil que ganó notoriedad por su personaje de "Charley Weaver", un campesino con un sombrero de cerdo roto.

Sus padres, Lewis casado con Brenda "Mardi" Nowak, la hija de un sobreviviente polaco del Holocausto, y los dos tuvieron una hija en 1959, Rosanna, antes de casarse en 1963 y tener cuatro hijos más. (Brenda murió de cáncer de mama en 1997, Lewis murió cuatro años después por insuficiencia cardíaca congestiva). Alexis nació Robert el 28 de julio de 1969, de niño solía correr con tacones altos y pelucas desde la edad de 2 años y su familia fue muy solidaria con todo esto".

La familia se mudó a una comuna en Front Royal, Va., En 1970. Fue allí, recordó Alexis más tarde, que comenzó a tener los primeros destellos de conciencia de género, fantasear con "alinearse con las chicas, querer usar los vestidos". La familia más tarde se estableció definitivamente en Los Ángeles y a los 16años, Robert se llamaba "Alexis". A los 17 años, que apenas había empezado a experimentar con los dramas, y le ofrecieron el papel de la joven travesti Georgette.

Su decisión de transición a mujer fue documentada en la película de 2007 *Alexis Arquette: She's My Brother* (ella es mi hermano). Pero se resistió a las constantes investigaciones de los cineastas sobre los detalles esenciales de su proceso de cambio de sexo. La tensión provocó múltiples peleas y casi hizo que Arquette se alejara del proyecto por completo.

"Todo su punto era, ¿por qué a la gente le importa lo que llevaba en los pantalones?"

En 2013, en medio de crecientes complicaciones de salud a causa del VHI, comenzó a presentarse como hombre de nuevo, diciéndole a Ibrahim que *"el género es una m.... Que ponerse un vestido no cambia biológicamente nada, ni tampoco un cambio de sexo"*. Dijo que *"la reasignación de sexo es físicamente imposible. Todo lo que puedes hacer es adoptar estas características superficiales, pero la biología nunca cambiará"*.

Cuando falleció a los 47 años, su hermano Richmond escribió en Facebook: "Nuestro hermano Robert, que se convirtió en nuestro hermano Alexis, que se convirtió en nuestra hermana Alexis, que se convirtió en nuestro hermano Alexis, murió en la madrugada del 11 de septiembre a las 12:32 am".

IDEOLOGIA DE GÉNERO

Una nota firmada por sus cuatro hermanos decía: *"En los días antes de su muerte, nos contó que ya estaba visitando el otro lado, y que donde ella iba a ir solo había un género. Que en el otro lado somos libre de todas las cosas que nos separan en vida y que todos somos uno".*

IDEOLOGIA DE GÉNERO

Testimonio de Helsea / Chelse

Chelsea Attonley
Edad 30 años
Nació como un niño y llamó a Matthew

- Él se inspiró para tener la reasignación de género por el modelo de glamour Jordania

- Pero ahora quiere que se revierte la cirugía del NHS, que costó £ 10,000. Y quiere volver a ser hombre.

- Y quiere que el NHS vuelva a pagar una operación de £ 14,000

Hace siete años, Matthew, un drag queen, Artista o cantante masculino que actúa vestido con atuendos propios de mujer (peluca, zapatos de plataforma, etc.) y exhibe maneras exageradamente femeninas. se convirtió en Chelsea. Ahora Chelsea quiere volver a ser Matthew.

En el artículo publicado el 1 de octubre de 2014, Chelsea dice: "Siempre he deseado ser una mujer, pero ninguna cantidad de cirugía puede darme un cuerpo femenino real y siento que estoy viviendo una mentira. "Es agotador ponerse maquillaje y usar tacones todo el tiempo. Incluso entonces no siento que parezca una mujer adecuada.

"Sufría de depresión y ansiedad como resultado de las hormonas también.

"Me di cuenta de que sería más fácil dejar de luchar de la forma en que me veo naturalmente y aceptar que nací físicamente".

IDEOLOGIA DE GÉNERO

Ahora, siete años después de la cirugía para convertirse en mujer, Chelsea quiere volver a ser un hombre, y quiere que el contribuyente pague la cuenta. Ella apunta a tener una reducción de senos en el NHS y una dolorosa cirugía de reasignación de sexo para devolverle un pene a un costo total de £ 14,000.

Chelsea, quien habló en ITV's This Morning a principios de este año sobre el aliento de Katie Price, dice que no se siente culpable por pedirle al contribuyente que pague por su reversión.

"Ahora que he decidido que quiero vivir como Matthew, estoy desesperado porque me quiten las tetas de FF-cup", dijo. "No puedo permitir que se hagan de forma privada, así que espero tener la oportunidad en el NHS.

'No puedo trabajar en este momento porque estoy demasiado molesto después de lo que he pasado. 'Estoy considerando la reconstrucción del pene también. No me siento mal porque el NHS pague por la cirugía ya que no lo considero una opción. 'Necesito tener estas operaciones por el bien de mi salud mental. Tengo la suerte de vivir en un país donde hay atención médica gratuita".

Ella dijo: 'Pensé que la cirugía me haría sentir completa, pero no fue así.

"Sabía en el fondo que, a pesar de que me habían operado, todavía había nacido hombre. "Pero hice todo lo posible para bloquear mis sentimientos". "No importa cuánto maquillaje me puse o cómo me vestí, sabía que la gente no me reconocería como una mujer real.

Chelsea, que ahora vive en Londres, dijo: "Siempre he deseado ser una mujer, pero ninguna cantidad de cirugía puede darme un cuerpo femenino real y siento que estoy viviendo una mentira. Fue agotador pensar constantemente en cómo caminar y hablar como una niña. "Estaba peleando una batalla perdida. Cuando las personas se enteraron de mi pasado, me trataron como un mentiroso y falso. Sufrí de ansiedad y depresión. Ella dijo que perdió el apoyo de su madre cuando murió de un ataque al corazón. No podía continuar el acto de pretender ser una mujer más. Me estaba haciendo sentir miserable. "Tuve que volver a vivir como Matthew".

Chelsea ya ha recibido inyecciones de testosterona para comenzar su transición a convertirse nuevamente en un hombre. También ha recibido inyecciones de testosterona para estimular el crecimiento del cabello y se ha cortado el pelo.

IDEOLOGIA DE GÉNERO

Testimonio de Walter Heyer

Casado
27 años de Matrimonio
Reasignación de Sexo a los 42 años
Edad: 73 años
Escritor: 5 Libros

El indulto proporcionado por la cirugía y la vida como mujer fue solo temporal. Escondido debajo del maquillaje y la ropa femenina estaba el niño herido por un trauma infantil, y se estaba dando a conocer.

Quiero contarte mi historia. Quiero que tengas la oportunidad de ver la vida de un niño transexual, no en un especial de televisión pulido, sino en más de siete décadas de vida, con toda su confusión, dolor y redención.

Mis padres me llevaban a casa de mi abuela, ellos no tenían ni idea, pero mi abuela, a mis cuatro años de edad me obligaba a ponerme vestidos de niña, todavía me acuerdo el vestido de color purpura que me ponía nada más llegar. Mi vida ha sido confusa, llena de dolor, abuso de alcohol y hasta un cambio de sexo innecesario. Mi vida la destrozó un adulto que me manipulaba. No era mi madre, sino mi abuela que me vestía con un vestido de gasa color púrpura que hizo para mí.

Ese vestido puso en marcha en mí una vida llena de disforia de género, abuso sexual, abuso de alcohol y drogas, y finalmente, una cirugía de reasignación de sexo innecesaria. Mi vida fue destrozada por un adulto de mi confianza que gozaba en vestirme como una chica. Mi mamá y mi papá no tenían ninguna idea de que cuando dejaban a su hijo ir un fin de semana a la casa de la abuela, ella estaba vistiendo a su muchacho con ropa de niña.

La abuela me dijo que era nuestro pequeño secreto

Mi abuela era parca en hablar de mí cuando parecía un niño, pero ella me prodigaba elogios cuando yo estaba vestido como una niña. Sentimientos de euforia se apoderaban de mí con su alabanza, seguidos más tarde por la depresión y la inseguridad acerca de ser un niño.

Sus acciones sembraron la idea en mí de que yo nací en el cuerpo equivocado. Ella nutrió y alentó esa idea, y con el tiempo adquirió una vida propia.

Estaba tan acostumbrado a usar el vestido púrpura en la casa de la abuela que, sin decirle a ella, me lo llevé a casa para que pudiera secretamente ponérmelo allí también. Lo escondí en el fondo de un cajón de mis cosas. Cuando mi mamá lo encontró, una explosión de gritos y chillidos estalló entre mi mamá y papá. Mi padre tenía terror que su hijo no se estuviera desarrollando como hombre, por lo que intensificó su disciplina. Me sentí discriminado porque, en mi opinión, mi hermano mayor no recibió el mismo castigo de mano dura que yo. La injusticia duele más que cualquier otra cosa. Gracias a Dios, mis padres decidieron que nunca se me permitiría ir a la casa de la abuela de nuevo sin ellos.

IDEOLOGIA DE GÉNERO

No podían saber que yo estaba asustado de ver a la abuela porque había expuesto su secreto.

LA INFLUENCIA DEL TÍO FRED

Mi peor pesadilla se hizo realidad cuando el hermano adoptado de mi padre, mucho más joven, el tío Fred, descubrió el secreto del vestido y comenzó a hacerme bromas.

Me bajaba los pantalones, burlándose y riéndose de mí.

Con sólo nueve años de edad, no podía defenderme, así que me volví a la comida como una manera de hacer frente a la ansiedad. Bromas de Fred me llevaron a comer seis sándwiches de atún y un litro de leche para mitigar a mi manera, el dolor.

Un día el tío Fred me llevó en su coche a un camino de tierra en la colina de mi casa y trató de quitarme toda la ropa. Aterrorizado de lo que podría pasar, me escapé, corrí a casa y le dije a mi mamá. Ella me miró acusadoramente y dijo: *"Eres un mentiroso. Fred nunca haría eso"*.

Cuando mi padre llegó a casa, se lo dije y él fue a hablar con Fred. Pero Fred se encogió de hombros, y mi papá le creyó a él. Pude ver que de nada servía decirle a la gente acerca lo que estaba haciendo Fred, así que guardé silencio desde ese momento sobre su abuso continuado.

Fui a la escuela vestido como un niño, pero en mi cabeza ese vestido púrpura vivía en mí. Me veía en él, de pie delante del espejo en la casa de mi abuela.

IDEOLOGIA DE GÉNERO

Yo era pequeño, pero participé y sobresalí en el fútbol, atletismo y otros deportes. Mi manera de lidiar con mi confusión de género fue trabajar duro en todo lo que hice. Yo cortaba el césped, entregaba periódicos, y bombeaba gasolina. Después de graduarme de la secundaria, trabajé en una tienda de automóviles, y luego tomé clases para calificar para un trabajo en la industria aeroespacial.

Después de un corto tiempo, gané un lugar en el proyecto de la misión espacial Apolo como ingeniero asociado de diseño. Siempre ansioso por el siguiente desafío, me cambié a una posición en la industria del automóvil. Y rápidamente subí en la escalera corporativa de una importante empresa de automóviles de América. Incluso me casé. Lo tenía todo: una carrera prometedora con un potencial ilimitado y una gran familia. Pero también tenía un secreto. Después de treinta seis años, yo todavía era incapaz de superar el sentimiento persistente de que yo era realmente una mujer. Las semillas sembradas por la abuela desarrollan raíces profundas. Sin el conocimiento de mi esposa, comencé a actuar mi deseo de ser una mujer.

Yo hacía travestismo en público y disfrutaba de ello.

Incluso empecé a tomar hormonas femeninas para feminizar mi apariencia.

¿Quién podría suponer que el deseo de la abuela a mediados de la década de 1940 por una nieta me llevaría a esto?

IDEOLOGIA DE GÉNERO

La adición de alcohol era como poner gasolina al fuego; beber intensificaba el deseo. Mi mujer, sintiéndose traicionada por los secretos que había estado guardándole y harta de mis borracheras fuera de control, solicitó el divorcio.

MI VIDA COMO MUJER

Busqué a un psicólogo prominente de género para mi evaluación, y rápidamente me aseguró que, obviamente, yo sufría de disforia de género.

Un cambio de género, me dijo, era el cura.

Sintiendo que no tenía nada que perder y muy emocionado de que finalmente podría alcanzar mí sueño de toda la vida, me sometí a un cambio quirúrgico a la edad de cuarenta y dos años.

Mi nueva identidad como la mujer Laura Jensen fue confirmada legalmente en mi acta de nacimiento, la tarjeta de Seguro Social, y la licencia de conducir.

Ahora yo era una mujer a los ojos de todos.

El conflicto de género parecía desvanecerse, y yo fui feliz por un rato. Es difícil para mí describir lo que sucedió después. El respiro proporcionado por la cirugía y la vida como mujer fue sólo temporal. Escondido en la profundidad debajo del maquillaje y la ropa femenina era el niño pequeño que llevaba las heridas de los acontecimientos traumáticos de la infancia, y que los estaba conociendo.

IDEOLOGIA DE GÉNERO

Ser una mujer resultó ser sólo un encubrimiento, no una curación. Yo sabía que no era una mujer de verdad, no importa lo que mis documentos de identificación dijeran. Yo había tomado medidas extremas para resolver mi conflicto de género, pero cambiar el género no había funcionado. Obviamente, fue una mascarada. Sentí que me habían mentido.

¿Cómo había llegado a este punto? ¿Cómo me convertí en una mujer falsa?

Fui a otra psicóloga de género, y ella me aseguró que iba a estar bien; sólo tenía que darle a mi nueva identidad como Laura más tiempo.

Yo tenía un pasado, una vida maltratada, que vivir como Laura no hizo nada para resolver. Sintiéndome perdido y deprimido, bebí mucho y pensé en el suicidio. Luego de tres años de vivir cómo Laura, mi consumo excesivo de alcohol me llevó a un nuevo bajón. En mi punto más bajo, en lugar de suicidarse busqué ayuda en una reunión de la recuperación del alcohol.

Mi padrino, un salvavidas de apoyo y responsable, fue mi mentor en la manera de vivir la vida libre de alcohol. La sobriedad fue el primero de varios puntos de inflexión en mi vida transgénero. Como Laura, entré en un programa universitario de dos años para estudiar psicología del consumo de drogas y alcohol.

Logré grados más altos que mis compañeros de clase, muchos de los cuales tenían doctorados. Aun así, tuve problemas con mi identidad de género.

IDEOLOGIA DE GÉNERO

Todo era tan desconcertante. ¿Cuál había sido la razón del cambio de género si no podía resolver el conflicto? Después de ocho años de vivir como una mujer, no tenía una paz duradera.

Mi confusión de género sólo parecía empeorar.

Durante una pasantía en un hospital psiquiátrico, trabajé junto a un médico en una unidad de bloqueo. Después de un poco de observación, me llevó aparte y me dijo que yo mostraba signos de tener un trastorno disociativo. ¿Era cierto? ¿Había encontrado la llave que abriría una infancia perdida?

En vez de ir a psicólogos activistas del cambio de género que me habían conducido a la cirugía, busqué las opiniones de varios psicólogos "regulares" y psiquiatras que no vieron todos los trastornos de género como transgénero. Ellos estaban de acuerdo sobre el criterio de trastorno disociativo.

Fue enloquecedor.

Ahora era evidente que había desarrollado un trastorno disociativo en la infancia para escapar del trauma del travestismo repetido de mi abuela y el abuso sexual por parte de mi tío.

Eso debería haber sido diagnosticado y tratado con psicoterapia. En cambio, el especialista en género nunca consideró mi infancia difícil o incluso mi alcoholismo y sólo vio mi identidad transgénero.

IDEOLOGIA DE GÉNERO

Fue un salto rápido a prescribir hormonas y cirugía irreversible. Años más tarde, cuando me enfrenté a ese psicólogo, él admitió que no debería haberme aprobado para la cirugía.

MIS CONVERSIÓN EN UNA PERSONA COMPLETA

Volver como hombre después de someterme a una cirugía innecesaria de género y de vivir la vida legal y socialmente como mujer durante años no iba a ser fácil.

Tuve que admitirme a mí mismo que ir a un especialista en género cuando tuve problemas por primera vez había sido un gran error. Tuve que vivir con la realidad de que las partes de mi cuerpo se habían ido. Mis genitales completos no podrían ser restaurados, una triste consecuencia de la utilización de la cirugía para tratar la enfermedad psicológica. Sería necesaria psicoterapia intensiva para resolver el trastorno disociativo que comenzó cuando niño. Pero yo tenía una base firme sobre la cual comenzar mi viaje a la restauración.

Yo estaba viviendo una vida libre de drogas y alcohol, y estaba listo para convertirse en el hombre que estaba destinado a ser.

A los cincuenta y seis años, experimenté algo más allá de mis sueños más salvajes. Me enamoré, me casé, y empecé a volver a experimentar plenamente la vida como hombre. Me tomó más de cincuenta años, pero finalmente fui capaz de descansar de todo el daño que el vestido de gasa color púrpura me había hecho.

IDEOLOGIA DE GÉNERO

Hoy en día, tengo 66 años de edad y estoy casado con mi mujer por 20 años. Con 31 años de vida sobria.

El cambio de género es una ganancia a corto plazo con dolor a largo plazo. Sus consecuencias incluyen la mortalidad temprana, el arrepentimiento, la enfermedad mental y el suicidio. En lugar de alentar a someterse a una cirugía innecesaria y destructiva, debemos afirmar y amar a nuestros jóvenes de la manera que son.

La influencia en la niñez

Walt / Laura afirma que los niños están siendo bombardeados por la atracción del mismo sexo y les introducen pensamientos contrarios a su sexo biológico. "Los LGTB creen que están logrando que los niños descubran quienes son, pero la verdad es que sólo son niños y lo que consiguen son pequeños robots que hacen lo que ellos quieren, manipulan su mente para que cambien su sexo".

El autor afirma que la niñez marca el resto de la vida de un adulto, "el entorno familiar, el colegio o la televisión marca la vida del pequeño, los padres deben tener unos valores firmes para combatir las ideas que van a intentar implementar en la mente de su hijo". Pero esto no es todo, para Walter la comunidad LGBTI es una organización sexual política altamente financiada que está causando estragos en las comunidades, familias e individuos en todo el mundo.

"No hay absolutamente ninguna justificación médica para proporcionar hormonas o procedimientos quirúrgicos para cualquier persona que se auto identifique como persona transgénero; estas personas padecen de algún trastorno emocional, psicológico, psiquiátrico o sexual que requiere terapias que van más allá de las hormonas o cirugías; y deberíamos afirmar a nuestros hijos en cómo fueron hechos por Dios, y no a la manera de los LGBTI . Un niño con una familia sana puede tener experiencias horribles con personas fuera de ellas que pueden causar disforia de género".

IDEOLOGIA DE GÉNERO

Testimonio de Heather Barwick
Mujer criada por pareja homoparentales

Su madre siempre tenía inclinaciones lesbianas, pero en los años que corrían, no se sintió con la libertad de asumir su orientación sexual, sino que se casó y tuvo a Heather. Cuando ella tenía unos dos o tres años, su mamá decidió salir del clóset, se separó de su esposo y se atrevió a darse la oportunidad de tener una relación lésbica con alguien que supuestamente amaba, y que era otra mujer. Desde entonces, el padre biológico de Heather decidió desaparecer de la vida de su hija.

La niña fue creciendo en medio de una relación lésbica en ausencia de su progenitor, la realidad de este falso concepto inventado de "Familia homoparentales", son falsos argumento que esgrimen los grupos LGBTI para justificar su mal proceder ante la sociedad.

La Mujer criada por lesbianas escribe carta a comunidad gay

: "**Sus hijos están sufriendo**" "Les estoy escribiendo porque me estoy permitiendo a mí salir del clóset: *No apoyo el matrimonio gay*", "Aprendí mucho de Uds., a cómo ser valiente, sobre todo cuando es más difícil. Me enseñaron a ser empática, a escuchar, a bailar, a no tenerle miedo a las cosas que son diferentes, y a ponerme de pie por mí misma, incluso si eso significa quedarme sola dice parte de la misiva dirigida a la comunidad gay LGBTI. Worldmag.com "Comunidad gay: soy hija de ustedes. Mi mamá me crió con su pareja del mismo sexo

IDEOLOGIA DE GÉNERO

en los 80 y 90 (...) Amé a la pareja de mi madre, pero **otra mamá jamás podría haber reemplazado al padre que perdí**".

Estas son las palabras de Heather Barwick, una mujer heterosexual, de Estados Unidos, actualmente casada y con hijos, y, tal como ella lo indica, que creció en un hogar con dos mamás. Asidua a las marchas pro derechos gay, continuó su misiva: "Los niños necesitan de una madre y un padre (...) Es ahora que viendo a mis hijos amando y siendo amados por su papá, todos los días, que puedo ver la belleza y sabiduría que hay en un matrimonio y paternidad tradicional.

Crecí rodeada de mujeres que decían que no necesitaban ni querían a un hombre. Sin embargo, siendo una niña, quería desesperadamente a un papá. Es extraño y confuso ir con este inextinguible y profundo dolor por un padre, por un hombre, en una comunidad que dice que los hombres son innecesarios". "No digo que ustedes no puedan ser buenos padres (...) Sabemos que existen muchas maneras diferentes en las que una familia puede quebrarse o hacer sufrir a un niño: divorcios, abandonos, infidelidad, muerte, etc. pero en general, la estructura familiar más exitosa ha sido una en la que los niños son criados por un padre y una madre (...) El matrimonio gay no solo está redefiniendo el matrimonio (de hoy) sino que también la paternidad (...) Negándonos (a los hijos) algo precioso y fundacional".

¿Por qué los hijos de la gente gay no puede ser honesta? (...) los hijos de padres divorciados tienen permitido

IDEOLOGIA DE GÉNERO

decir: 'oye, mamá y papá, los amo, pero el divorcio me destruyó y ha sido muy duro.; rompió mi confianza y me hizo sentir que todo era mi culpa. Y es tan difícil vivir en dos casas distintas (…) Pero a los hijos de padres del mismo sexo no se les ha dado la misma voz (…) Muchos de nosotros estamos asustados de hablar de nuestra herida y nuestro dolor, porque por alguna razón, sentimos que no nos escuchan (…) o que nos califican como enemigos.

Sé que ustedes se han sentido odiados y que realmente los han herido. Yo estaba ahí, en las marchas, cuando otros llevaban pancartas que decían 'Dios odia a los mar#$%' y 'El sida curó la homosexualidad'. Lloré y ardí de rabia junto a ustedes en las calles. Y esa gente (que los odia) no soy yo, no somos nosotros. Sé que esta es una conversación difícil. Pero necesitamos tenerla. Si alguien sabe lo que es hablar de cosas difíciles somos nosotros. Ustedes me enseñaron a hacerlo".

IDEOLOGIA DE GÉNERO

Testimonio de Emily Thomes
De lesbiana a cristiana

Emely en su adolescencia se rodeaba de mujeres e inicio su experiencia lésbica a los 15 años, identificándose como tal durante mucho años. Hasta el día que fue a un estudio Bíblico en una iglesia evangélica y descubrió que la homosexualidad es un pecado por lo tanto, necesitaba de la salvación.

"Yo era gay a derecho, pero perdía la salvación"
Emily Thomes tuvo un encuentro personal con Jesús que transformó su estilo de vida pecaminosa, por el de una joven cristiana agraciada y femenina, situación que la puso en el camino correcto de la salud sexual.

Actualmente es una mujer casada con Benjamín, y se siente feliz de conocer el significado real de ser mujer, esposa y madre, a la vez al estar embarazada.

Desde que conoció a Cristo su vida ha tomado un giro milagroso de 180 grados. Lo que ¡deja en claro! que la homosexualidad no se nace, se hace y Dios tiene el poder de transformar vidas. Contrario al pensamiento y enseñanza desconstructiva LGBTI, que no aceptan la verdad de los hechos, porque sostienen fanática y obsesivamente que las personas "nacen homosexual, y esto no es una elección".

Su testimonio se encuentra en internet y le ha valido no sólo el rechazo de la comunidad gay, si no todo una serie de ofensas, calumnias e inclusive amenazan con atentar contra su vida, ¡típico! del LGBTI, cuando son desenmascarados en público.

https://www.youtube.com/watch?v=XHjDnNA_eRw

IDEOLOGIA DE GÉNERO

Capítulo X
EL ABUSO INFANTIL INSTITUCIONALIZADO
Testimonio científico: Michelle Cretella
03 de julio de 2017

Presidenta del American College of Pediatricians, organización nacional de pediatras y otros profesionales de la salud dedicados a la salud y el bienestar de los niños.

Soy un pediatra Cómo la ideología transgénero se ha infiltrado en mi campo y ha producido abuso infantil a gran escala

El protocolo de afirmación de transición les dice a los padres que traten a sus hijos como el género que deseen, y que los coloquen en bloqueadores de la pubertad a los 11 o 12 años si tienen disfórico de género.

La política transgénero tomó por sorpresa a los estadounidenses y sorprendió a algunos legisladores.

Hace apenas unos pocos años, no muchos podrían haber imaginado un enfrentamiento de alto perfil sobre el acceso de hombres y mujeres transgénero a baños de sexo único en Carolina del Norte.

Pero la ideología transgénero no solo está infectando nuestras leyes. Se está entrometiendo en las vidas de los más inocentes entre nosotros, los niños, y con el aparente y creciente apoyo de la comunidad médica profesional, como se explica en mi artículo revisado por pares de 2016, " Disforia de género en los niños y supresión del debate ", los profesionales que se atreven a cuestionar la

IDEOLOGIA DE GÉNERO

línea no científica del partido que apoya la terapia de transición de género se verán difamados y quedarán sin trabajo.

La izquierda liberal continúa impulsando su agenda radical contra los valores estadounidenses. La buena noticia es que hay una solución. Hablo como alguien íntimamente familiar con las comunidades de salud pediátrica y conductual y sus prácticas.

Soy una madre de cuatro hijos que sirvió durante 17 años como pediatra general certificada por la junta con un enfoque en la salud conductual infantil antes de abandonar la práctica clínica en 2012.

Durante los últimos 12 años, he sido miembro de la junta e investigador del American College of Pediatricians, y durante los últimos tres años he servido como su presidente.

También participé en la junta directiva de Alliance for Therapeutic Choice and Scientific Integrity de 2010 a 2015. Esta organización de médicos y profesionales de la salud mental defiende el derecho de los pacientes a recibir psicoterapia para los conflictos de identidad sexual que está en línea con sus convicciones profundas. Valores basados en la ciencia y la ética médica.

He sido testigo de un vuelco del consenso médico sobre la naturaleza de la identidad de género. Lo que los médicos alguna vez trataron como una enfermedad mental, la comunidad médica ahora en gran medida afirma e incluso promueve de forma normal.

IDEOLOGIA DE GÉNERO

Aquí hay un vistazo a algunos de los cambios.

El nuevo normal

Las "clínicas de género" pediátricas se consideran centros de élite para afirmar a los niños angustiados por su sexo biológico. Esta condición angustiosa, una vez llamada trastorno de identidad de género, se cambió el nombre de "disforia de género" en 2013.

En 2014, hubo 24 de estas clínicas de género, agrupadas principalmente a lo largo de la costa este y en California. Un año después, hubo 40 en todo el país.

Con 215 programas de residencia pediátrica que ahora capacitan a los futuros pediatras en un protocolo de afirmación de transición y tratan a los niños disfórico de género en consecuencia, las clínicas de género seguramente seguirán proliferando.

El verano pasado, el gobierno federal declaró que no requeriría que Medicare y Medicaid cubran los procedimientos de afirmación de transición para niños o adultos porque los expertos médicos del Departamento de Salud y Servicios Humanos descubrieron que los riesgos a menudo eran demasiado altos y los beneficios muy poco claros.

Sin desanimarse por estos hallazgos, la Asociación Profesional Mundial para la Salud Transgénero ha seguido adelante, alegando, sin ninguna evidencia, que estos procedimientos son "seguros".

IDEOLOGIA DE GÉNERO

Dos importantes asociaciones pediátricas -la Academia Estadounidense de Pediatría y la Endocrine Society Pediátrica- han seguido paso a paso, respaldando el enfoque de afirmación de transición incluso cuando la última organización reconoce, dentro de sus propias pautas, que el protocolo de afirmación de transición se basa en evidencia baja.

Incluso admiten que la única evidencia sólida con respecto a este enfoque es su posible riesgo para la salud de los niños.

El punto de vista de la afirmación de transición sostiene que los niños que "*persisten y persisten insisten*" en que no son del género asociado con su sexo biológico son innatamente transgénero.

(El hecho de que en la vida normal y en la psiquiatría, cualquier persona que "persista y persistentemente insista" en cualquier otra cosa contraria a la realidad física se considera confusa o delirante se ignora convenientemente).

El protocolo de afirmación de transición les dice a los padres que traten a sus hijos como el género que deseen, y que los coloquen en bloqueadores de la pubertad alrededor de los 11 o 12 años si tienen disfórico de género.

Si a la edad de 16 años, los niños aún insisten en que están atrapados en el cuerpo equivocado, se les aplica hormonas transversales y las niñas biológicas pueden obtener una doble mastectomía.

IDEOLOGIA DE GÉNERO

Las llamadas "cirugías de fondo" o cirugías de reasignación genital no se recomiendan antes de los 18 años, aunque algunos cirujanos han argumentado recientemente en contra de esta restricción.

El enfoque de afirmación de transición ha sido adoptado por las instituciones públicas en los medios, la educación y nuestro sistema legal, y ahora es recomendado por la mayoría de las organizaciones médicas nacionales.

Sin embargo, existen excepciones a este movimiento, además del Colegio Estadounidense de Pediatras y la Alianza para la Elección Terapéutica. Estos incluyen la Asociación de Médicos y Cirujanos Estadounidenses, las Asociaciones Médicas y Dentales Cristianas, la Asociación Médica Católica y los Profesionales de Género Juvenil que afirman LGBT.

El movimiento transgénero ha ganado terreno en la comunidad médica y en nuestra cultura al ofrecer una narrativa profundamente defectuosa. La investigación científica y los hechos cuentan una historia diferente.

Estos son algunos de esos hechos básicos.

1. *Los estudios gemelos demuestran que nadie nace "atrapado en el cuerpo del sexo equivocado".*

Algunos estudios del cerebro han sugerido que algunos nacen con un cerebro transgénero. Pero estos estudios son muy defectuosos y no prueban tal cosa.

Prácticamente todo lo que concierne a los seres humanos está influenciado por nuestro ADN, pero muy pocos rasgos están cableados desde el nacimiento. Todo el comportamiento humano es un compuesto de diversos grados para la naturaleza y la crianza.

Los investigadores realizan rutinariamente estudios gemelos para discernir qué factores (biológicos o no biológicos) contribuyen más a la expresión de un rasgo particular. Los estudios de gemelos mejor diseñados son aquellos con el mayor número de sujetos.

Los gemelos idénticos contienen el 100 por ciento del mismo ADN desde la concepción y están expuestos a las mismas hormonas prenatales. Entonces, si los genes y / o las hormonas prenatales contribuyeron significativamente a la transgénesis, deberíamos esperar que ambos gemelos se identifiquen como transgénero cerca del 100 por ciento del tiempo.

El color de la piel, por ejemplo, está determinado solo por genes. Por lo tanto, los gemelos idénticos tienen el mismo color de piel el 100% del tiempo.

Pero en el estudio más grande de adultos gemelares transgénero, publicado por el Dr. Milton Diamond en 2013, solo el 28 por ciento de los gemelos idénticos se identificaron como transgénero. Setenta y dos por ciento del tiempo, difieren. (El estudio de Diamond informó que el 20 por ciento se identifica como transgénero, pero sus datos reales demuestran una cifra del 28 por ciento.

Que el 28 por ciento de los gemelos idénticos identificados como transgénero sugiere una predisposición biológica mínima, lo que significa que el transgénero no se manifestará sin factores externos no biológicos que también impacten al individuo durante su vida.

El hecho de que los gemelos idénticos difirieran 72 por ciento del tiempo es altamente significativo porque significa que al menos el 72 por ciento de lo que contribuye al transgénero en un gemelo consiste en experiencias no compartidas después del nacimiento, es decir, factores no arraigados en la biología.

Estudios como este demuestran que la creencia en la "identidad de género innata" -la idea de que los cerebros "feminizados" o "masculinizados" pueden quedar atrapados en el cuerpo equivocado antes del nacimiento- es un mito que no tiene ninguna base en la ciencia.

2. La identidad de género es maleable, especialmente en niños pequeños.

Incluso el Manual de Sexualidad y Psicología de la Asociación Estadounidense de Psicología admite que, antes de la promoción generalizada de la afirmación de transición, del 75 al 95 por ciento de los niños pre púberes que estaban angustiados por su sexo biológico finalmente superaron esa angustia. La gran mayoría llegó a aceptar su sexo biológico al final de la adolescencia después de pasar naturalmente a través de la pubertad.

Pero ahora que la afirmación de transición está aumentando en la sociedad occidental, el número de niños que reclaman angustia sobre su género y su persistencia en el tiempo ha aumentado

IDEOLOGIA DE GÉNERO

dramáticamente. Por ejemplo, el Servicio de Desarrollo de Identidad de Género solo en el Reino Unido ha visto un aumento del 2.000 por ciento en las derivaciones desde 2009.

3. *Los bloqueadores de la pubertad para la disforia de género no se han demostrado seguros.*

Los bloqueadores de la pubertad se han estudiado y se los ha encontrado seguros para el tratamiento de un trastorno médico en niños llamado pubertad precoz (causada por la secreción anormal y no saludable temprana de las hormonas puberales de un niño).

Sin embargo, como señala un artículo innovador en The New Atlantis, no podemos inferir de estos estudios si estos bloqueadores son seguros o no en niños fisiológicamente normales con disforia de género.

Los autores señalan que hay algunas pruebas de una menor mineralización ósea, lo que significa un mayor riesgo de fracturas óseas en los adultos jóvenes, un aumento potencial del riesgo de obesidad y cáncer testicular en niños y un impacto desconocido sobre el desarrollo psicológico y cognitivo.

Con respecto a esto último, si bien actualmente no tenemos estudios extensos y a largo plazo sobre los niños colocados en bloqueadores para la disforia de género, los estudios realizados en adultos de la última década son motivo de preocupación.

Por ejemplo, en 2006 y 2007, la revista Psychoneuroendocrinology informó anormalidades cerebrales en el área de la memoria y el funcionamiento ejecutivo entre mujeres adultas que recibieron bloqueadores por razones ginecológicas. Del mismo modo, muchos estudios de hombres tratados por cáncer de próstata con bloqueadores también sugieren la posibilidad de un deterioro cognitivo significativo.

4. *No hay casos en la literatura científica de niños con disforia de género que interrumpan los bloqueadores.*

La mayoría, si no todos, los niños en bloqueadores de la pubertad toman hormonas sexuales cruzadas (estrógeno para niños biológicos, testosterona para niñas biológicas). El único estudio hasta la fecha de haber seguido los niños prepúberes que estaban socialmente afirmados y colocan en los bloqueadores a una edad temprana encontró que el 100 por ciento de ellos afirma una identidad transgénero y eligió hormonas del sexo opuesto.

Esto sugiere que el protocolo médico en sí mismo puede llevar a los niños a identificarse como transgénero.

Existe un efecto obvio que se cumple a sí mismo al ayudar a los niños a hacerse pasar por el sexo opuesto, tanto biológica como socialmente. Esto está lejos de ser benigno, ya que tomar bloqueadores de la pubertad a los 12 años o menos, seguidos de hormonas sexuales cruzadas, esteriliza a un niño.

IDEOLOGIA DE GÉNERO

5. *Las hormonas entre personas se asocian con riesgos de salud peligrosos.*

Según los estudios de adultos, sabemos que los riesgos de las hormonas transversales incluyen, entre otros, enfermedades cardíacas, presión arterial alta, coágulos sanguíneos, derrames cerebrales, diabetes y cánceres.

6. La neurociencia muestra que los adolescentes carecen de la capacidad adulta necesaria para la evaluación de riesgos.

Los datos científicos muestran que las personas menores de 21 años tienen menos capacidad para evaluar los riesgos. Hay un serio problema ético al permitir que se realicen procedimientos irreversibles que cambien la vida de los menores que son demasiado pequeños para dar su consentimiento válido.

7. *No hay pruebas de que la afirmación impida el suicidio en los niños.*

Los defensores del protocolo de afirmación de la transición alegan que el suicidio es la consecuencia directa e inevitable de retener la afirmación social y las alteraciones biológicas de un niño disfórico de género. En otras palabras, aquellos que no respaldan el protocolo de afirmación de transición esencialmente están condenando al suicidio a los niños con disforia de género.

Sin embargo, como se señaló anteriormente, antes de la promoción generalizada de la afirmación de transición, del 75 al 95 por ciento de los jóvenes con disfuncionalidad de género terminaron contentos con su sexo biológico después de simplemente pasar por la pubertad.

Además, contrariamente a lo que afirman los activistas, no hay evidencia de que el acoso y la discriminación, y mucho menos la falta de afirmación, sean la principal causa de suicidio entre cualquier grupo minoritario. De hecho, al menos un estudio de 2008 encontró que la discriminación percibida por los individuos identificados como LGBT no es causal.

Más del 90 por ciento de las personas que se suicidan tienen un trastorno mental diagnosticado, y no hay evidencia de que los niños con disfunción sexual que se suicidan sean diferentes. Muchos niños disfóricos de género simplemente necesitan terapia para llegar a la raíz de su depresión, que muy bien puede ser el mismo problema que desencadena la disforia de género.

8. El protocolo de afirmación de transición no ha resuelto el problema del suicidio transgénero.

Los adultos que se someten a reasignación sexual, incluso en Suecia, que es uno de los países que más afirman tener LGBT, tienen una tasa de suicidios casi 20 veces mayor que la de la población general. Claramente, la reasignación de sexo no es la solución para la disforia de género.

Conclusión:

El Protocolo de Afirmación de Transición es Abuso Infantil

IDEOLOGIA DE GÉNERO

El quid de la cuestión es que, si bien el movimiento de afirmación de la transición pretende ayudar a los niños, les inflige una grave injusticia a ellos y a sus pares no disforios.

Estos profesionales están utilizando el mito de que las personas nacen transgénero para justificar la experimentación masiva, incontrolada y no consentida en niños que tienen una condición psicológica que de otro modo se resolvería después de la pubertad en la gran mayoría de los casos.

Las instituciones de hoy que promueven la afirmación de transición están empujando a los niños a suplantar al sexo opuesto, enviando a muchos de ellos por el camino de los bloqueadores de la pubertad, la esterilización, la eliminación de partes del cuerpo sanas y un daño psicológico incalculable.

Estos daños constituyen nada menos que abuso infantil institucionalizado.

 La sana ética exige el final inmediato del uso de la supresión puberal, las hormonas transversales y las cirugías de reasignación de sexo en niños y adolescentes, así como el fin de la promoción de la ideología de género a través de los planes de estudio y las políticas legislativas.

Es hora de que los líderes de nuestra nación y la mayoría silenciosa de los profesionales de la salud sepan exactamente lo que les está sucediendo a nuestros niños y se unan para tomar medidas.

IDEOLOGIA DE GÉNERO

El Transgénero es un Problema Psicológico
Testimonio Psiquiátrico: Dr. Joseph Berger.

El Dr. Joseph Berger, un Distinguished Life Fellow de la Asociación Americana de Psiquiatría y miembro del Royal College of Physicians and Surgeons of Canada, afirma que, desde "una perspectiva científica", ser "transgénero" es un problema psicológico: "infelicidad emocional" - y "cirugía cosmética" no es el "tratamiento adecuado".

El Dr. Berger, quien también fue presidente de la Asociación de Psiquiatría Estadounidense del Distrito de Ontario, presentó sus comentarios ante el Comité Permanente de Justicia y Derechos Humanos de la Cámara de los Comunes cuando estaba considerando un proyecto de ley (C-279) en 2013. para "incluir la identidad de género como un motivo de discriminación prohibido".

La legislación propuesta, popularmente conocida como la "factura del baño", esencialmente prohibiría la discriminación contra los transexuales. En el proyecto de ley, la "identidad de género" se define como "la experiencia personal e interna del género profundamente sentida, que puede o no corresponderse con el sexo que se le asignó al individuo en el momento del nacimiento".

El Dr. Berger le dijo al comité: "Desde una perspectiva científica, permítanme aclarar lo que realmente significa 'transgénero'. Estoy hablando ahora de la perspectiva científica, y no de cualquier posición política de cabildeo que pueda proponer cualquier grupo, médico o no médico".

"'Transgénero' son personas que afirman que realmente son o desean ser personas del sexo opuesto al que nacieron, o que su configuración cromosómica da fe", afirmó. "A veces, algunas de estas personas han afirmado que son 'una mujer atrapada en el cuerpo de un hombre' o, alternativamente, 'un hombre atrapado en el cuerpo de una mujer'".

"Científicamente, no existe tal cosa", dijo.

"El tratamiento médico de los delirios, la psicosis o la felicidad emocional no es por cirugía", continuó el doctor.

Por otro lado, dijo, si a estas personas se les pide que aclaren exactamente en qué creen, es decir, si realmente creen que cualquiera de las proposiciones anteriores se aplica a ellas y dicen 'no', entonces saben que tal proposición no es verdadera, pero que 'la sienten', entonces de lo que estamos hablando científicamente, es simplemente infelicidad, y esa infelicidad está siendo acompañada por un deseo - que lleva a algunas personas a tomar hormonas que predominan en el otro sexo, e incluso tener cirugía estética diseñada para hacer que 'aparezcan' como si fueran una persona del sexo opuesto . El tratamiento adecuado de la infelicidad emocional no es la cirugía", dijo el Dr. Berger. "La cirugía estética no cambiará los cromosomas de un ser humano. La cirugía estética no hará que un hombre se convierta en una mujer, capaz de menstruar, ovular y tener hijos. La cirugía cosmética no convertirá a una mujer en un hombre, capaz de generar esperma que pueda unirse con un óvulo o huevo de una mujer y fertilizar ese huevo para producir un niño humano".

"Estos son los hechos científicos", dijo.

"Me parece que no existe ninguna razón médica o científica para otorgar ningún derecho o consideración especial a las personas que no están contentas con el sexo en el que nacieron, o a las personas que desean vestirse con la ropa del sexo opuesto, que yo creer no es ilegal ", dijo el Dr. Berger. Al concluir sus comentarios, el Dr. Berger dijo: "He leído el informe presentado por quienes abogan por derechos especiales [para los transexuales], y no encuentro nada de valor científico en él. Se usan palabras y frases que no tienen una base científica objetiva, como "el espacio interior".

"[L] a llamada" confusión sobre su sexualidad que tiene un adolescente o un adulto es puramente psicológica ", dijo. La práctica del Dr. Berger se basa en Toronto, Ontario. Además de las credenciales médicas citadas, el Dr. Berger es un diplomático de la Junta Americana de Psiquiatría y Neurología; el ex representante de Ontario (2002-2010) en la Asamblea de la Asociación Americana de Psiquiatría; y el autor de *The Independent Medical Examination in Psychiatry*, así como numerosos artículos médicos y académicos. (Por Michael W. Chapman)

IDEOLOGIA DE GÉNERO

La ciencia y los cambios quirúrgicos

Los cambios sexuales no son efectivos, dicen los investigadores

No hay evidencia concluyente de que las operaciones de cambio de sexo mejoren las vidas de los transexuales, y muchas personas permanecen severamente angustiadas e incluso con tendencias suicidas después de la operación, según una revisión médica realizada exclusivamente para Guardián Weekend mañana.

La revisión de más de 100 estudios médicos internacionales de transexuales postoperatorios realizada por la institución de inteligencia de investigación agresiva de la Universidad de Birmingham (Arif) no encontró evidencia científica sólida de que la cirugía de reasignación de sexo sea clínicamente efectiva.

The guardián le pidió a Arif que realice la revisión después de hablar con varias personas que lamentan cambiar de género o creen que la atención médica que recibieron no los preparó para sus nuevas vidas. Explican por qué no están contentos con su cambio de sexo y cómo lidiarán con las consecuencias en la revista Weekend de mañana (31 de julio).

Chris Hyde, director de Arif, dijo: "Existe una gran incertidumbre sobre si cambiar el sexo de una persona es algo bueno o malo. Si bien sin duda se toman grandes precauciones para garantizar que los pacientes apropiados se reasignen, todavía hay un gran número de

IDEOLOGIA DE GÉNERO

las personas que se someten a la cirugía pero que permanecen traumatizadas, a menudo hasta el suicidio".

Arif, que asesora al NHS en West Midland sobre la base de pruebas de tratamientos de salud, descubrió que la mayoría de las investigaciones médicas sobre reasignación de género estaban mal diseñadas, lo que sesgó los resultados para sugerir que las operaciones de cambio de sexo son beneficiosas.

(Artículo de edición internacional El Guardián, por: David Batty T. Primera publicación el viernes 30 de julio de 2004)

IDEOLOGIA DE GÉNERO

Capitulo XI

FUENTE DE DERECHO E IDEOLOGIA DE GÉNERO

Prueba Legal: JOSÉ LUÍS REQUERO IBÁÑEZ
Magistrado del Tribunal Supremo Español
1
Fue vocal del Consejo General del Poder Judicial (CGPJ). Comisionado por la Unión Europea para el estudio de la reforma judicial y parlamentaria en Paraguay, dentro de Programa "La modernización institucional de Paraguay", elaborando el informe "Poder Judicial: situación, objetivos y método", presentado en Bruselas.

En España, el Magistrado José Requero afirma de manera positiva. "Si atendemos a la teoría general del Derecho y, dentro de la misma, a la teoría de las fuentes del Derecho, la respuesta es afirmativa. También lo sería desde la teoría de la legitimación del poder si es que se basa tal legitimación en planteamientos estrictamente formales. En efecto, en cuanto a las fuentes del Derecho suele diferenciarse entre fuentes en sentido material y fuentes en sentido formal. En lo formal son fuentes las diferentes formas con las que se exterioriza el Derecho y así se habla de la ley, la costumbre y los principios generales del Derecho y dentro de la primera, de las distintas clases de normas escritas. En lo material ya nos preguntamos acerca de quien tiene poder para dictar normas, lo que nos lleva a preguntarnos acerca de quien tiene legitimación para dictarlas.

IDEOLOGIA DE GÉNERO

Quien tiene plena legitimidad para dictar normas, no obstante de tal poder legítimo, ¿puede legislar sobre una mentira?, ¿puede ordenar la vida en común sobre una mentira?, ¿puede solventar en Derecho conflictos sobre esa base?"

Estas preguntas lo hacen dentro del orden jurídico dado que la ideología de género ya está presente en el ordenamiento jurídico como una política transversal que inspira erróneamente a una acción de los poderes públicos en base a una visión o perspectiva de género en la que debe hacerse presente en todos los ámbitos social, político, familiar y religioso.

La cuestión radica en que tal visión implica legislar sobre una falsedad antropológica, supone ahormar, es decir, hacer que una persona se amolde a una determinada pauta de conducta en relación a nuestra convivencia solventando en Derecho los conflictos sobre un régimen jurídico basado en un prejuicio ideológico. Ello se deduce tanto jurídico como por lógica elemental basada en los siguientes elementos de juicio:

1. *La sexualidad como opción*

La ideología de género sostiene que la sexualidad es producto del orden y sistema cultural, independiente del sexo, no constitutiva pero si optativa, es decir, la persona tiene opción de elegir ser hombre o mujer, el cual constituiría "roles socialmente construido", de ser así, implicaría un avance en la "liberación" de la construcción social. Su propuesta ideológica básicamente rechaza lo natural y biológico para afincarse en una

IDEOLOGIA DE GÉNERO

desconstrucción de todos los valores y roles socialmente constituido.

2. *Supone una ruptura con el feminismo de equidad*

El feminismo de género protagonizada por el lobby homosexual no busca en sí mismo la igualdad de sexo, de trato y oportunidades, eliminación de la discriminación como propugnan, si no la desaparición del sexo como tal, caso contrario no tendría ningún objetivo la propuesta ideológica homosexual por lo que tanto se lucha y pregonan en las cuatro esquina de lo que ellos llaman del orgullo gay. El objetivo del género es que no haya sexos sino opciones, para eliminar una supuesta superioridad de un sexo –el masculino- sobre el femenino.

El feminismo de género constituye así una visión global, cerrada, fanática, que llevada a lo jurídico exige eliminar la diferencia entre sexos, paradigma de lo cual es la proscripción de lo que se llama lenguaje sexista, de obligado seguimiento como técnica de elaboración de normas.

3. *La opción es cambiante. Más allá de la naturaleza*

Una vez eliminado o desaparecido el elemento ontológico del ser hombre o mujer (En la filosofía de Martin Heidegger (1889-1976, del ser o relacionado con él.), la persona puede cambiar su rol. Rebecca Cook declaró en la Cumbre de Pekín que «los sexos ya no son dos sino cinco y por tanto no debería hablarse de hombre y mujer, sino de mujeres heterosexuales, mujeres homosexuales, hombres heterosexuales, hombres homosexuales y bisexuales», luego las posibilidades de mutación son variadas." Transmasculino, intergénero y berdache: las 37 nuevas etiqueta de género.

4. *Lucha contra las concepciones tradicionales*

Los ideólogos para justificar lo injustificable señalan que la diferencia entre hombre y mujer es cultural y como tal proviene de la explotación patriarcal de la mujer, lo mismo se refiere a la maternidad por el cual la mujer debe liberarse de esa servidumbre; lo que implica la ruptura con lo que califican de modelo de familia tradicional, sistema despreciable para la ideología de género porque su homosexualidad les impide formar una familia natural o biológica como ocurre en la familia tradicional heterosexual. El aborto forma parte de una estrategia de liberación, tanto del papel que socialmente se ha asignado a la feminidad como al que se asigna a la mujer en la familia.

5. *Las nuevas bases de la familia*

Desde la perspectiva de género, la base de la familia no es el matrimonio formada por un hombre y una mujer y dirigida a la procreación de la especie humana como tal. La idea de complementariedad de hombre y mujer, de padre y madre, en la vida familiar y en la educación de los hijos, cede al ser esta una posibilidad para que se aplique el «matrimonio homosexual» como una opción de género. ¡Irónicamente¡ la misma naturaleza biológica que atacan, les niega todo derecho reproductivo que por

IDEOLOGIA DE GÉNERO

naturaleza y creación les pertenece sólo a la pareja heterosexual en matrimonio y familia. Por esta razón, y por los medios biológicos naturales no pueden concebir ,recurren a la reproducción asistida , técnica científica que permite –al menos en apariencia- a parejas homosexuales tener descendencia o recurrir a vientres de alquiler para formar una "familia normal", siendo anormal su propuestas de género.

6. *La agenda del feminismo de ideología de género como sucedáneo de lucha de clases*

La "lucha de sexo", es una burda copia de "lucha de clases", teoría que explica la existencia de conflictos sociales como el resultado de un conflicto central o antagonismo inherente a toda sociedad políticamente organizada entre los intereses de diferentes sectores o clases sociales propias de Marxismo y Comunismo doctrinal.

El universo marxista es la lucha de clases, la idea de explotación del proletariado por la burguesía capitalista, fuente, origen y causa de desigualdades sociales, la ocupan ahora el hombre y la mujer. La posición del proletariado los copian y ponen a la mujer en su lugar; y los medios de producción lo cambian por «medios de reproducción». De esta forman promueven ideológicamente una doctrina comunista que en la práctica es incierta y sus resultados nefastos para la sociedad, adaptada al sexo como plataforma de lucha de una desconstrucción social

7. *La agenda del feminismo de género*

IDEOLOGIA DE GÉNERO

El feminismo de género tiene su agenda y en ella el lenguaje cobra una importancia trascendental como instrumento de acción. Las manifestaciones son variadas: desde la lucha contra lo que se considera lenguaje sexista -lo que tiene su traslado en los prontuarios de buenas maneras de legislar o dictar normas- hasta el empleo de términos y expresiones militantes. Por lo pronto, detrás del uso la palabra «género», que no «sexo», lo que se pretende es eliminar la idea de que los seres humanos se dividen en dos sexos. En esta línea, por ejemplo, hablar de planteamientos basado en la heterosexualidad se identifica con heterosexualidad obligatoria, es decir, con la imposición que obliga a entender que el género humano está dividido en dos sexos.

Especialmente relevantes son expresiones como «identidad sexual» –equivalente a libre opción sexual- o el término «homofobia» con el que se descalifican planteamientos tradicionales como el fundamento heterosexual del matrimonio o de las relaciones sexuales. También todo lo relativo a la salud reproductiva o sexual para referirse al aborto o que se hable de las «nuevas formas de familia» para forjar la idea de otros «modelos de familia» más allá de la basada no ya en el matrimonio, sino en una unión heterosexual. Junto con el lenguaje, se proponen depurar la educación y los medios de comunicación de todo estereotipo de género. Las feministas no solo pretenden que se sustituyan los términos «género-específicos» (hombre/mujer) por palabras neutrales[1]; buscan, además, que no haya diferencias de conducta y de responsabilidad entre el hombre y la mujer en la familia. Todos estos términos,

IDEOLOGIA DE GÉNERO

dentro de la agenda de género tiene como propósito usar como alarma y medio de atacar e intimidar a las personas que no opinan igual que ellos con apelativos y descalificativos como "homofóbicos" retrógrados, "patriarcales", etc. Arma que en su agenda y vocabulario de género usan hábilmente para denunciar, demandar jurídicamente para perseguir, amenazar o conseguir beneficios económicos, sin respetar en lo mínimo el derecho universal de las demás personas a no pensar igual que el lobby homosexual, en ello se basa la libre expresión y libertad a pensamiento, establecido en los Derechos Humanos y en la constitución de todo país civilizado.

8. *Ideología de género y ciudadanía*

El análisis de la ideología de género quedaría incompleto si no se hiciese referencia al debate sobre la ciudadanía y los derechos de ciudadanía. A raíz de la nonnata Constitución europea, empezó a hablarse de una nueva idea de ciudadanía que no apela a unos derechos ya reconocidos, sino al comunitarismo o idea republicana de los derechos y libertades frente a su visión liberal, individualista; es el nosotros frente al yo, se es más ciudadano si se pelea por los derechos en el Estado y no desde fuera, la autonomía política de cada uno más que lograrse aisladamente y frente al Estado, se hace realidad en él, mediante la colaboración y cooperación entre sus miembros. La participación en el autogobierno sería la esencia de la libertad, se lograría un consenso dominante al basar la convivencia en lo común. Esa nueva ciudadanía permitiría avanzar en variados campos como, por ejemplo, los «valores de laicidad» que llevan a una ciudadanía neutra, multicultural, asexuada religiosamente, a un mínimo común ético capaz de organizar el pluralismo; es la laicidad -y no otro principio- lo que cohesionaría una sociedad plural, multiétnica y multireligiosa. Es en este ámbito donde las políticas de género encuentran un terreno fértil en el que crecer pues sus postulados forman parte de las señas de identidad de esa nueva ciudadanía que hay que compartir, lo que tiene una doble vertiente. Por una parte, la común con lo que era ya desde sus orígenes históricos el movimiento feminista: la incorporación de la mujer al debate público, a la participación en régimen de igualdad en cargos públicos, lo que tiene su reflejo en medidas de acción positiva para garantizar la paridad tanto en el acceso a esos cargos como en la composición de órganos.

La segunda vertiente hace más bien referencia a la incorporación de los postulados de la ideología de género como señal de identidad de la nueva ciudadanía y del nuevo ciudadano, con lo que se vuelve a la relevancia estratégica de las políticas educativas.

IDEOLOGIA DE GÉNERO

NOCIÓN DE GÉNERO EN EL DERECHO ECUATORIANO Y EN EL DERECHO COMPARADO

Testimonio en el Derecho Constitucional:
Abg. MARÍA LUISA AZANZA TORO
Ciencias Jurídicas y Políticas;UDLH-CJP-38 A991

1. *Interpretación de la palabra género en la Constitución ecuatoriana*

Tras analizar el sentido de las normas en el contexto de la Constitución, su creación y aplicación, podemos constatar que la palabra género lleva distintos sentidos según el uso y contexto en que se encuentra. Así, en los artículos 27, 32, 38, 46, 61, 77, 83 numeral 14, 156, 160, 217, 358 que muestran la palabra género en las frases equidad de género, paridad de género, enfoque de género, violencia de género, se trata de hombres y mujeres casi siempre con la implicación de la existencia de discriminación en contra de las mujeres. En cambio en el artículo 11 numeral 2 la frase identidad de género se refiere a transexuales, transgénero e intersexuales. Lo cual es justo y correcto pues ese artículo consagra el principio de igualdad y esto implica que nadie debe ser discriminado por razón alguna. Sin embargo, es importante conocer la ya explicada diferencia entre el trastorno transexual y las condiciones intersexuales o hermafrodismos, pues no deben ser confundidos y mucho menos presentados como equivalentes.

IDEOLOGIA DE GÉNERO

2.   *Sobre el uso de la palabra género en vez de la palabra sexo*

El uso de la palabra género como sinónimo o reemplazo de la palabra sexo, resulta ineficaz. Esto se debe a que no define lo que realmente busca expresar. No logra comunicar el concepto acertadamente. Además, puede provocar equívocos y ambigüedades. Sin contar la dificultad de la interpretación de las normas. La palabra sexo refleja claramente la división de la persona humana en hombre y mujer. La palabra género en cambio adolece de una constante atribución de nuevos significados. La deconstrucción del lenguaje por parte de la ideología de género parece ser la principal razón para promover el uso de esta palabra, casi como si fuera un eufemismo de sexo. Pero la ley debe ser clara. Por ello es importante recomendar el uso de las palabras que mejor expresen el concepto, en este caso la palabra sexo.

3.   *Transversalidad del género en la Constitución del Ecuador 2008*

El género se encuentra como una temática constante a lo largo del texto constitucional. No solamente por mencionarse en trece ocasiones (más que en cualquier otra de la región), sino, también por el lenguaje utilizado y los usos idiomáticos empleados. Generalmente, es fácil reconocer la tendencia, ideología, procedencia, nacionalidad o características del autor de un texto determinado por el estilo de la prosa. Así, podemos identificar el lenguaje de género por el modo de expresión utilizado en varios artículos dentro de la Constitución.

3.1. *Lenguaje de género en la legislación ecuatoriana actual*

A lo largo del texto de la Constitución ecuatoriana encontramos una inmensa cantidad de enumeraciones al estilo del llamado lenguaje no sexista. Esta forma de expresión en particular se ha contagiado a las leyes, reglamentos, acuerdos de reciente aprobación e inclusive a los mensajes difundidos por parte del gobierno a los ciudadanos, que no son pocos. Al respecto, cabe hacer una puntualización de carácter técnico: "En castellano existen los participios activos como derivado de los tiempos verbales. El participio activo del verbo atacar es 'atacante'; el de salir es 'saliente'... ¿Cuál es el del verbo ser? Es 'ente', que significa 'el que tiene identidad', en definitiva 'el que es'. Por ello, cuando queremos nombrar a la persona que denota capacidad de ejercer la acción que expresa el verbo, se añade a este la terminación 'ente'. "Así, al que preside se le llama 'presidente' y nunca 'presidenta', independientemente del género (masculino o femenino) del que realiza la acción" (Salgado E. , 2013).

En conclusión, fuera del error de lógica verbal que implica, encontramos una inmensa cantidad de ejemplos de lenguaje de género en la Constitución, por lo que podemos decir, que su redacción estuvo influenciada muy fuertemente por la ideología de género.

IDEOLOGIA DE GÉNERO

4.   *Sobre la Identidad de Género*

La ideología de género ha tenido en los últimos años como objetivo la incorporación del género en la legislación. La base de esa lucha ha sido la supuesta existencia de normas discriminatorias. Esta pelea de derechos no es nueva. Las civilizaciones de la Edad Antigua tenían diferencias en el status jurídico por razones de sexo.

En el Derecho Romano la mujer era considerada incapaz y se encontraba bajo la tutela de un hombre que era el pater familias quien en ciertos casos podía ser su padre o su marido. Y mucho más adelante en la historia las mujeres no eran reconocidas como ciudadanos ni poseían derechos políticos. Es por eso que por siglos la lucha por los derechos de las mujeres se enfocó en acabar con la discriminación en el reconocimiento por parte del orden constituido de los derechos por razones de sexo. Es decir, que existían tres presupuestos claros en el activismo por los derechos femeninos:

• Existencia de un Binomio.- Hay dos sexos distintos (masculino y femenino).

• Igualdad de derechos.- Ambos tienen los mismos derechos.

• Discriminación.- El orden constituido discrimina a uno de los sexos para el reconocimiento de sus derechos.

Este análisis permite visualizar que la discriminación recibida por parte de las mujeres en la historia puede ser comparada con la recibida por parte de muchos grupos

IDEOLOGIA DE GÉNERO

como por ejemplo grupos étnicos y raciales. Podemos ver como se cumplen los mismos presupuestos:

• Hay dos razas distintas: Blancos y afroamericanos, mestizos e indígenas, etc.

• Ambos tienen los mismos derechos.

• El orden constituido discrimina a uno de los grupos raciales para el reconocimiento de sus derechos.

De esta manera se deja entrever una situación muy particular y es que la lucha por la no discriminación por género carece de los elementos típicos. Esto se debe a que la ideología de género no reconoce la existencia de un binomio (hombre, mujer/ blancos, afroamericanos) sino que al contrario intenta implementar la tesis de que dicha diferencia (de los roles de mujeres y hombres dentro de la sociedad) es ficticia y de que la diferencia objetiva existente (el sexo biológico) es irrelevante o hasta inexistente. A pesar de ello, puede existir la tentación de pensar que el elemento del binomio carece de efectos jurídicos puesto que el resultado permanece inmutable ya que todos los individuos gozan de los mismos derechos y éstos deben ser reconocidos y garantizados por el Estado y la Ley.

Falsa premisa ideológica de Género en el Derecho Legal

El problema surge porque la conclusión en este caso proviene de una premisa falsa. La diferencia del sexo biológico no es irrelevante y sí tiene influencia en el comportamiento de las personas dentro de la sociedad y dentro de la familia por lo tanto en el ordenamiento jurídico. Que la ley defienda lo contrario resultaría ilegítimo. La razón de ello es que no responde a una realidad de la persona.

La ley debe responder a la realidad social. Es claro que ninguna persona debe ser discriminada y el principio de igualdad de las constituciones ecuatorianas ya lo mandaba desde hace muchos años. Pero asimismo es claro que las personas son femeninas o masculinas. No puede decirse lo mismo de la orientación sexual, puesto que esta sí es real. Se trata de personas que sienten atracción física y sexual por personas de su mismo sexo o de ambos sexos.

El estilo de vida que elijan estas personas depende de su libertad, así como el buscar ayuda profesional o apoyo espiritual, pero en cuanto al estilo de vida homosexual es evidente que mientras estas conductas permanezcan en el ámbito privado de las personas, no tienen por qué ser criminalizadas o sujeto de discriminación. No es clara la razón para elevar el asunto a un nivel constitucional, pero así lo consideró el constituyente de 1998 y de 2008.

Con respecto a lo establecido en el artículo 11 numeral 2 sobre el principio de no discriminación por razones de identidad de género, podría negar una realidad evidente sobre la naturaleza humana alegando que quien nace mujer es realmente un hombre porque así lo ha sentido, o viceversa. Nadie tiene por qué ser discriminado por sentir una cosa u otra. Pero definitivamente ese sentir no tiene cabida como fundamento de una norma 78 constitucional. Aún más, al proponer por medio de la ley que el trastorno transexual o los estados intersexuales son categorías de una clasificación de la persona llamada identidad de género, aleja a estas personas de la posibilidad de recibir un tratamiento que les ayude a superar o sobrellevar su problema. Es por ello, que ha de entenderse este acápite como un principio de no discriminación por la condición transexual o intersexual comprendiendo su significado, como se ha descrito por parte de la ciencia médica y se ha citado en los primeros capítulos de este trabajo.

La Abg. MARÍA LUISA AZANZA TORO, declara que el presente documento se ciñe a las normas éticas, cuyo contenido ha sido redactado con entera sujeción y respeto de los derechos de autor y autoriza se haga pública su disponibilidad para lectura conforme queda establecido en su trabajo del título de abogada en la Biblioteca Universitaria de Derecho.

IDEOLOGIA DE GÉNERO

Asamblea Nacional del Ecuador
Asambleísta Cesar Rohón

Este es un tema de fondo, un tema de la sociedad Ecuatoriana que tenemos que tenerlo perfectamente ¡claro! y que lo tenemos que defender.

La constitución de la República claramente establece el Derecho que tienen los niños, niñas y adolescentes de ser protegidos, a ser cuidado, a ser fortalecidos. Sin embargo, éste fallo de la Corte Constitucional ¡irrito fallo! De la Corte Constitucional, no tiene asidero jurídico ni constitucional porque en ninguna parte de la Constitución de la República habla de lo que éste fallo pretende, dar derecho a los adolescentes de hacer con su vida sexual "lo que quieran", decidir autónoma mente sobre su salud sexual, a unos jóvenes y niños desde los 12 años, no tiene presentación seños presidente, señores legisladores. Sin la injerencia ilegítima, ilegal del Estado, la sociedad. Entonces ¿de qué derechos estamos hablando de nuestros niños, nuestros adolescentes, de nuestros hijos? ¿Dónde queda la protección a los menores que quedan desprotegidos con esta Ley? como ya lo han dicho otros legisladores, cuando un niño o niña es violado(a) con esta Ley no lo vamos a poder defender.

¡Qué bueno que el Consejo de Participación Ciudadana Transitorio esté evaluando a la Corte Constitucional!
Y ¡Ojalá! Se vayan todos de la Corte Constitucional, especialmente aquellos que votaron a favor de esta Ley, a favor de esta interpretación que atenta contra los Derechos de los niños y que atenta principalmente contra el derecho de los padres a educar a sus hijos.

¡Esto no es un tema de izquierda o de derecha! ¡No es un tema de liberales o conservadores! ¡Esto es un tema

IDEOLOGIA DE GÉNERO

de Principios Básicos de las Sociedad, de la convivencia, de defender a la familia como pilar de la sociedad! Y que la tenemos que ¡defender hoy!, en ésta Asamblea y no llenarnos la boca de la defensa de los niños y sacar este tipo de ley. ¡Aquí se ha confundido los derechos civiles y sociales con el derecho de los niños! , derechos civiles y sociales en que ¡todos! ¡Absolutamente, todos! ¡Somos iguales ante la Ley!, en los derechos civiles y sociales no hay discrimen de ninguna naturaleza. Pero ¡aquí! ¡Cada vez que se toca un tema sexual!, qué se toca un tema de la defensa de la mujer, sale el tema de GENERO.

¡Qué tiene que ver! O ¡que tenía que ver! Porque el Presidente de la República tuvo que corregir, ¡que tenía que ver! la defensa de la mujer contra la violencia con una reforma que pretendían hacer en ésa ley de la defensa de la mujer con la IDENTIDAD DE GÉNERO, con las definiciones de "nuevas masculinidades" y de "nuevas diversidades", ¡NADA! ABSOLUTAMENTE, ¡NADA! Por esta razón, ésta Asamblea Nacional ¡tiene que hablar claro!

Los derechos de nuestros niños y adolescentes deben ser defendidos, protegidos y los derechos de los padres de educar a nuestros hijos ¡tienen que ser respetados! ¡Ni el Estado!, tiene derecho a inmiscuirse en la decisión de los padres. Estamos hablando de la educación sexual de los jóvenes, para evitar los embarazos prematuros de menores de edad y ¡hoy! Le damos libertad a hacer de sus vidas lo que quieran, ¡no señores!, la Ley y los Derechos Civiles y el Código Civil establece a los 18 años de edad, a esa edad en que el joven o la joven, en que un hombre o una mujer decidirá sobre su vida, sobre su sexualidad y sobre lo que tenga que decidir sobre el género tambien, mientras tanto, mientras son niños y

IDEOLOGIA DE GÉNERO

están en la casa, bajo la tutela de los padres, ¡somos los padres! responsables de nuestros hijos y ¡nadie! Tiene que interferir con la educación de nuestros hijos.

Éste irrito fallo, señor presidente y señores legisladores Me lleva a decirle al país algo que es fundamental; ¡éste fallo! de la Corte Constitucional no es que se elimina porque han votado cinco a favor y cuatro en contra. No, no, no ¡aquí vamos hablando claro! Este fallo de la Corte Constitucional tiene vigencia, ¡está vigente! Señores y señoras Asambleístas ¿qué tenemos que hacer para darle la vuelta a este fallo irrito de la Corte Constitucional? Presentar un proyecto de ley en la Asamblea Nacional para darle la vuelta a ésta ¡barbaridad! Que nos quiere imponer a los ecuatorianos. Y Nosotros, la bancada de la seis, Madera de Guerrero ¡vamos a presentar un proyecto de ley! Para hacer el cambio que se tiene que hacer, para que éste irrito procedimiento de la Corte Constitucional quede sin efecto y que quede claro: ***CON NUESTROS HIJOS, CON NUESTRAS FAMILIAS Y LA EDUCACIÓN DE ELLOS ¡NADIE SE METE!***

IDEOLOGIA DE GÉNERO

Consideraciones

Como cristianos y cristianas, y ciudadanos y ciudadanas, estamos llamados a comprometernos en nuestras sociedades de manera responsable conforme principios y normas éticas y morales descriptas en las Sagradas Escrituras. Creemos en un Dios que no solamente ha creado la vida, sino que también la sexualidad para que lo vivamos en plenitud, dignidad y libre todo tipo de violencia y de género.

Para el efecto, es necesario:

1.- Proveer propuesta concreta de acción sobre los derechos y la salud sexual y reproductiva desde una perspectiva Bíblica ética de respeto, para los niños, niñas y adolescentes

2.- Derogar o sacar del cuerpo legal constitutivo el lenguaje de género, transversalización de enfoque de género, nuevas masculinidades, mujeres en diversidades, cambios de roles, eliminación de estereotipos por ser contrarios a los principios de derecho legal y moral de los ciudadanos, constituyen la manzana de la discordia.

3.- Promover Leyes Gubernamentales Justas
- Generando propuestas que mejoren la calidad educativa de nuestros países.
- Rechazo de la pluralidad sexual de género
- Impulsar la legalización de leyes de igualdad de derechos entre el hombre, la mujer, el anciano y Niños y no de género.
- Rechazo al relativismo moral y manipulación Social y política e ideológica que conduce al colapso social

IDEOLOGIA DE GÉNERO

4.- Trabajar en la promoción y defensa de los derechos humanos y particularmente de los derechos sexuales y reproductivos; desde una perspectiva sana, teológica, pastoral, social, y cristiana en las iglesias, y Organizaciones de la Sociedad Civil como legal, abogando por normas y decretos justos, equitativos y honestos.

5.- Trabajar en favor de la promoción de los derechos humanos y de la erradicación de toda discriminación, en hombres mujeres, ancianos y niños por raza credo o religión.

6.- Adquirir una formación sólida, que nos lleve a calibrar los riesgos a los que nos conducen aquellos planteamientos ideológicos en los que prima un subjetivismo radical, en detrimento de la cooperación y la cohesión social.

7.- Constituir plataformas de asociaciones portadoras de la personalidad jurídica que les permita intervenir en el campo jurídico y así defender los derechos fundamentales que pudieran quedar vulnerados con la entrada en vigor de los eufemismos denominados "nuevos derechos humanos" y de género.

8. Participar activamente en los destinos de nuestra comunidad política, exigiendo a nuestros representantes electos el respeto a la dignidad humana y a la libertad en el ejercicio de todas sus políticas, derechos y valores cristianos.

9.- Solicitar que se establecen políticas de salud, donde se creen más maternidades y espacios donde los chicos sepan lo que son las enfermedades de transmisión sexual,

IDEOLOGIA DE GÉNERO

que existen 55 tipos de enfermedades de transmisión sexual en el ambiente.

✓ Lo más importante dentro de las políticas es apoyar a las familias, es decir, que las familias grandes puedan tener, por ejemplo, rescisión de impuestos, sistemas accesibles de compras de casas, o sea, apoyarlas. (Amparo Medina)
✓ Rechazamos todo control del cuerpo de las mujeres por los grupos LGBTI con el apoderamiento de la mujer.
✓ Rechazamos la intromisión ideológica de género en el sistema educativo y legislativo por ser lesivos a la familia tradicional de origen.
✓ Combatir esta blasfemia de género desde el ámbito político, y del derecho legal, desarraigar leyes de contenido injusto y desigual de género.

10.- El Génesis contiene numerosas advertencias sobre los usos potencialmente destructivos de la sexualidad. Hay referencias a la violación (34:1-4), la violación en grupo (19:4-8), el incesto (19:31-39) y la prostitución (38:15-17) homosexualidad (1Co 6:9-10/ Lv.18:22))

11.- Obtener información y orientación completa, veraz y suficiente sobre su cuerpo, sus funciones y procesos reproductivos fuera de géneros, que favorezcan a tomar decisiones claras y responsables.

IDEOLOGIA DE GÉNERO

Bibliografía

- Comentario Bíblico con aplicación Hebreos / George H. Guthrie
- Homosexualidad en el Judaísmo Ortodoxo /Rabino Dr. Nachum Amsel.
- Diccionario de Asilo CEAR
- El Régimen de Ideología de Género / Thomas S. Crown / Editorial Círculo Rojo.
- Ideología de Género o género como herramienta de poder/ Jorge Scala / Editorial SEKOTIA – Madrid.
- Mujeres Malas y Perversas; El enigma de la Historia / Rosa María Santidrían / Editorial Edimat-Madrid, España.
- Comentario al Texto Hebreo del Antiguo Testamento, Tomo 1 / por Keil & Delitzsch
- Biblia RV 1865
- CORTE CONSTITUCIONAL DEL ECUADOR Sentencia n.003-18-pj0-cc /caso n. 0775-11-jp
- Enciclopedia de Medicina y Enfermería MOSBY
- Enciclopedia Medica de la Salud /Círculo de lectores – BLUME
- Hacia una Ética de la Vida/ Yattency Bonilla

IDEOLOGIA DE GÉNERO

Trabajos Citados

- LA IDEOLOGÍA DE GÉNERO EN EL DERECHO ESPAÑOL / Por JOSÉ LUÍS REQUERO IBÁÑEZ Magistrado de la Audiencia Nacional

- NOCIÓN DE GÉNERO EN EL DERECHO ECUATORIANO Y EN EL DERECHO COMPARADO / Trabajo para la obtención del título de Abogada MARÍA LUISA AZANZA TORRES DIRECTOR.

- ¿QUÉ ES LA IDEOLOGÍA DE GÉNERO? / José Gil Llorca

Fuentes:

- Psiquiatra prominente: Transgénero es 'Infelicidad emocional puramente psicológico

  'https://www.cnsnews.com/blog/michael-w-chapman/american-psychiatric-association-distinguished-fellow-transgender-emotional

- http://www.sexchangeregret.com/
- http://www.waltheyer.com/
- http://www.kiddakotabook.com/
- http://www.thepublicdiscourse.com/2015/04/14688/
- http://www.dailymail.co.uk/news/article-2921528/The-man-s-TWO-sex-changes-Incredible-story-Walt-Laura-REVERSED-operation-believes-surgeons-quick-operate.html
- https://www.thenewatlantis.com/publications/part-three-gender-identity-sexuality-and-gender

IDEOLOGIA DE GÉNERO

- Proyecto de Ley por Derecho al aborto legal, seguro y gratuito / http://www.abortolegal.com.ar/proyecto-de-ley-presentado-por-la-campana/

- EL ABORTO Y EL ORIGEN DE LA VIDA www.notivida.com.ar / www.abortar.org

- MEDLINEPLUS / Biblioteca Nacional de los EE.UU. https://medlineplus.gov/spanish/ency/patientinstructions/000486.htm

- Trastornos mentales y del comportamiento: tablas de conversión entre la CIE-8, la CIE-9 y la CIE-10 publicada por la OMS http://apps.who.int/iris/bitstream/10665/61595/1/8487548164_es_.pdf

- Reglamento a la Ley contra la violencia a las mujeres /http://www.elcomercio.com/actualidad/reglamento-violenciadegenero-reaccion-grupos-provida.html el Comercio

- Emol.com - http://www.emol.com/noticias/Tendencias/2015/03/20/741580/Mujer-criada-por-lesbianas-escribe-carta-abierta-a-comunidad-gay-Sus-hijos-estan-sufriendo.html

- ¡Que es la ideología de género? http://www.conelpapa.com/ideologia/ideologia.htm

IDEOLOGIA DE GÉNERO

- EL COMERCIO
  https://www.elcomercio.com/actualidad/ecuad or-estadisticas-embarazo-adolescente-mama.html.
- (https://elheraldomontanes.wordpress.com/2016/07/23/tribunal-de-estrasburgo-el-matrimonio-homosexual-no-es-un-derecho-humano/)
- (https://elheraldomontanes.wordpress.com/2010/06/30/desestima-la-demanda-de-una-pareja-gay-austriaca/)
- http://protestantedigital.com/internacional/44870/La_OEA_se_despoja_del_lenguaje_pro_LGTBI_en_sus_conclusiones
- Ideología de género rompecabezas / José Mario Ruiz Navas: https://www.eluniverso.com/opinion/2016/08/20/nota/5751282/ideologia-genero-rompecabezas
  - Fórum liberta, diario digital / por CARLOS ÁLVAREZ COZZI
  http://www.forumlibertas.com/hemeroteca/la-deconstruccion-del-lenguaje-promovida-la-ideologia-gender/

IDEOLOGIA DE GÉNERO

http://apologista55.blogspot.com/

Made in United States
Orlando, FL
11 May 2023